Découvrez des Jeux Gratuits en Ligne

Disponible Ici :

BestActivityBooks.com/FREEGAMES

5 ASTUCES POUR DÉMARRER !

1) COMMENT RÉSOUDRE LES MOTS MÊLÉS

Les puzzles sont dans un format classique :

- Les mots sont cachés sans espaces, tirets, ...
- Orientation : Les mots peuvent être écrits en avant, en arrière, vers le haut, vers le bas ou en diagonale (ils peuvent être inversés).
- Les mots peuvent se chevaucher ou se croiser.

2) UN APPRENTISSAGE ACTIF

Un espace est prévu à côté de chaque mots pour noter la traduction. Pour favoriser un apprentissage actif un **DICTIONNAIRE** à la fin de cette édition vous permettra de vérifier et étendre vos connaissances. Cherchez et notez les traductions, trouvez-les dans le Puzzle et ajoutez-les à votre vocabulaire !

3) MARQUEZ LES MOTS

Vous pouvez inventer votre propre système de marquage. Peut-être en utilisez-vous déjà un ? Sinon, vous pourriez, par exemple, marquer les mots qui ont été difficiles à trouver d'une croix, ceux que vous avez aimés d'une étoile, les mots nouveaux d'un triangle, les mots rares d'un diamant, etc...

4) STRUCTUREZ VOTRE APPRENTISSAGE

Cette édition vous offre un **CARNET DE NOTES** très pratique à la fin du livre. En vacances ou en voyage ou à la maison, vous pouvez facilement organiser vos nouvelles connaissances sans avoir besoin d'un second bloc-notes !

5) VOUS AVEZ FINI TOUTES LES GRILLES ?

Allez à la section bonus **CHALLENGE FINAL** pour trouver un jeu gratuit à la fin de cette édition !

Simple et Rapide ! Découvrez notre collection de livres d'activités pour votre prochain moment de détente et **d'apprentissage**, à juste un clic de distance !

Trouvez votre prochain défi sur :

BestActivityBooks.com/MonProchainLivre

À vos marques, prêts... Partez !

Saviez-vous qu'il existe environ 7 000 langues différentes dans le monde ? Les mots sont précieux.

Nous aimons les langues et avons travaillé dur pour créer les livres de la plus haute qualité pour vous. Nos ingrédients ?

Une sélection des thématiques d'apprentissage adaptée, trois belles parts de divertissement, puis nous ajoutons une cuillère de mots difficiles et une pincée de mots rares. Nous les servons avec soin et un maximum de plaisir pour vous permettre de résoudre les meilleurs jeux de mots mêlés qui soient et d'apprendre en vous amusant !

Votre avis est essentiel. Vous pouvez participer activement au succès de ce livre en nous laissant un commentaire. Nous aimerions vraiment savoir ce que vous avez préféré dans cette édition !

Voici un lien rapide qui vous mènera à la page d'évaluation de vos commandes :

BestBooksActivity.com/Avis50

Merci pour votre aide et amusez-vous bien !

De la part de toute l'équipe

1 - Été

```
B G I A R D I N O K R H V Q
K Z I M M E R S I O N E I N
S Q T O E N L S W S J N A Z
K Q S L C N U O T A R E G Y
B O F W K H Q F A N I Q G J
S P I A G G I A A D M N I E
I R A H M U S I C A G Z O H
L I B R I I S T E L L E G R
C A M P E G G I O I T H X G
V A C A N Z A L G A M I C I
Z W K P M R L X I I S X I U
Z K Q Q G J N R D A O L B O
T E M P O L I B E R O I O C
F M A R E G G W G L W Y A P
```

AMICI   MARE
CAMPEGGIO   MUSICA
STELLE   NUOTARE
FAMIGLIA   CIBO
GIARDINO   SPIAGGIA
GIOCHI   IMMERSIONE
GIOIA   SANDALI
LIBRI   VACANZA
TEMPO LIBERO   VIAGGIO

2 - Adjectifs #2

```
S  D  R  A  M  M  A  T  I  C  O  A  H  R
I  A  D  E  S  C  R  I  T  T  I  V  O  E
S  N  N  A  T  U  R  A  L  E  Y  N  R  S
C  Z  T  O  L  B  B  N  M  Z  Q  U  S  P
D  R  S  E  L  V  A  G  G  I  O  O  W  O
O  M  E  P  R  O  D  U  T  T  I  V  O  N
T  S  B  A  N  E  S  A  L  A  T  O  P  S
A  A  C  C  T  I  S  F  A  M  O  S  O  A
T  L  K  L  Z  I  G  S  M  G  K  L  T  B
O  Q  K  J  D  D  V  T  A  K  H  R  E  I
G  J  X  D  P  P  G  O  E  N  I  H  N  L
F  O  R  T  E  L  E  G  A  N  T  E  T  E
P  U  R  O  J  I  X  Y  X  D  I  E  E  I
Q  A  M  D  L  A  U  T  E  N  T  I  C  O
```

AUTENTICO	NATURALE
FAMOSO	NUOVO
CREATIVO	PRODUTTIVO
DESCRITTIVO	POTENTE
DOTATO	PURO
DRAMMATICO	RESPONSABILE
ELEGANTE	SANO
FORTE	SALATO
INTERESSANTE	SELVAGGIO

3 - Exploration

```
S  E  E  D  B  B  C  V  I  A  G  G  I  O
C  C  S  J  J  N  U  O  V  O  X  N  T  F
O  C  A  J  T  C  T  P  R  P  J  S  O  S
N  I  U  A  G  S  E  L  V  A  G  G  I  O
O  T  R  T  P  B  L  Z  R  F  G  K  C  G
S  A  I  T  E  H  E  P  Q  H  K  G  H  T
C  Z  M  I  S  C  O  P  E  R  T  A  I  I
I  I  E  V  C  C  A  N  I  M  A  L  I  O
U  O  N  I  U  R  I  C  E  R  C  A  W  L
T  N  T  T  L  T  E  R  R  E  N  O  A  I
O  E  O  À  T  P  E  R  I  C  O  L  I  N
H  F  Z  S  U  P  S  P  A  Z  I  O  J  G
K  Q  P  E  R  I  M  P  A  R  A  R  E  U
J  Z  S  P  E  R  I  C  O  L  O  S  O  A
```

ATTIVITÀ	ESAURIMENTO
ANIMALI	SCONOSCIUTO
PER IMPARARE	LINGUA
CORAGGIO	NUOVO
CULTURE	PERICOLOSO
PERICOLI	RICERCA
SCOPERTA	SELVAGGIO
SPAZIO	TERRENO
ECCITAZIONE	VIAGGIO

4 - Formes

```
L  K  C  U  E  R  T  Y  N  S  I  P  Q  I
Y  T  O  E  J  G  F  H  S  P  D  O  U  K
G  D  N  L  R  P  J  I  Z  W  L  L  A  G
A  A  O  A  E  C  B  O  R  D  I  I  D  Q
R  I  V  T  T  O  H  S  B  C  N  G  R  F
C  B  A  O  T  T  R  I  R  U  E  O  A  P
O  E  L  D  A  I  Z  W  O  B  A  N  T  I
I  L  E  S  N  S  P  Z  P  O  W  O  O  R
N  L  D  J  G  S  F  E  P  R  I  S  M  A
U  I  N  L  O  C  E  E  R  L  S  E  D  M
Y  S  C  D  L  M  W  D  R  B  Z  W  D  I
T  S  S  P  O  K  A  O  G  A  O  N  H  D
M  E  Y  C  U  R  V  A  N  G  O  L  O  E
C  I  L  I  N  D  R  O  D  D  F  O  E  O
```

ARCO	ELLISSE
BORDI	IPERBOLE
QUADRATO	LINEA
CERCHIO	OVALE
ANGOLO	POLIGONO
CURVA	PRISMA
CONO	PIRAMIDE
LATO	RETTANGOLO
CUBO	SFERA
CILINDRO	

5 - Adjectifs #1

```
A R O M A T I C O C F C I I
A M B I Z I O S O N M A W M
K C W G M Z L C Z W H R H P
E N O R M E P E S A N T E O
B E L L O E Y N R T T I I R
G B A O N E S T O K G S J T
I K M W I N N O C E N T E A
O S O T T I L E T K D I L N
V I D E N T I C O I U C E T
A T E S B K O G O R C O N E
N M R P E R F E T T O O T A
E W N A T T R A E N T E O P
P O O G E N E R O S O Q Z B
A S S O L U T O A T T I V O
```

ASSOLUTO	ONESTO
ATTIVO	IDENTICO
AMBIZIOSO	IMPORTANTE
AROMATICO	INNOCENTE
ARTISTICO	GIOVANE
ATTRAENTE	LENTO
BELLO	PESANTE
ESOTICO	SOTTILE
ENORME	MODERNO
GENEROSO	PERFETTO

6 - Instruments de Musique

```
Q T R O M B O N E J M M H O
E O A R P A X N T T A A B B
I C C M A R I M B A N R E O
S T W L B L R G W M D M F E
L A F L A U T O T B O O A P
P Q S N N R R O P U L N G I
Q N X S J M I E R R I I O A
W M P G O N G N L O N C T N
J H G I T F G B E L O A T O
Z T L P O K O B U T O K O F
V I O L I N O N W G T J R O
C H I T A R R A O G B O B R
T R O M B A B E T R N D Y T
P E R C U S S I O N E R I E
```

BANJO	MARIMBA
FAGOTTO	PERCUSSIONE
CLARINETTO	PIANOFORTE
FLAUTO	SASSOFONO
GONG	TAMBURO
CHITARRA	TAMBURELLO
ARMONICA	TROMBONE
ARPA	TROMBA
OBOE	VIOLINO
MANDOLINO	

7 - Échecs

```
E D T J I R E G I N A G C P
W Z E S I T O R N E O I O A
X C M Q N R E G O L E O N S
S W P R T G K X S N W C C S
F A O N E Z I U B A M A O I
I V C E L M Z O P N Z T R V
D V A R L D L C C I Q O S O
E E M O I A W K S O P R O W
B R P C G F J X R S U E T D
I S I W E D I A G O N A L E
A A O Q N N M C A A T R L P
N R N T T C F I I O I P E Y
C I E D E A T R A O K A R X
O O P E R I M P A R A R E T
```

AVVERSARIO
PER IMPARARE
BIANCO
CAMPIONE
CONCORSO
SFIDE
DIAGONALE
INTELLIGENTE
GIOCO
GIOCATORE

NERO
PASSIVO
PUNTI
REGINA
REGOLE
RE
SACRIFICIO
TEMPO
TORNEO

8 - Herboristerie

```
D E H X R H S L Q I B U R Y
O E N M K O S H A G C B G B
R O S M A R I N O V E R D E
Z F B G C W G N K Q A A W M
A I A G T D I I F M E N T A
F O S A U B R R A L K P D N
F R I G R S D H W R N T I A
E E L L B G T I M O D E C Y
R D I I U A R O M A T I C O
A O C O Q U A L I T À L N W
N J O P R E Z Z E M O L O O
O B E N E F I C O Q B O Q M
P X T A H C U L I N A R I O
M A G G I O R A N A P E K G
```

AGLIO
AROMATICO
BASILICO
BENEFICO
CULINARIO
FIORE
GIARDINO
LAVANDA
MAGGIORANA

MENTA
PREZZEMOLO
QUALITÀ
ROSMARINO
ZAFFERANO
GUSTO
TIMO
VERDE

9 - Véhicules

```
P N E U M A T I C I S U H E
S C O O T E R U M C L S C L
O S G L A M B U L A N Z A I
T T A U T O B U S R A O M C
T R Z Z A T T E R A D X I O
O A A N X O Y E R V E D O T
M T E G I R B Y S A L Y N T
A T R A H E A A N N Z M B E
R O E U T E Y R R B Q Z T R
I R O T D J T D W C M Z O O
N E G O L W J T B F A F I H
O N A V E T T A O X F P L Y
M E T R O P O L I T A N A M
B I C I C L E T T A W P B H
```

AMBULANZA
AEREO
BARCA
AUTOBUS
CAMION
CARAVAN
TRAGHETTO
RAZZO
ELICOTTERO
METROPOLITANA

MOTORE
NAVETTA
PNEUMATICI
ZATTERA
SCOOTER
SOTTOMARINO
TAXI
TRATTORE
BICICLETTA
AUTO

10 - Camping

```
E F C A P P E L L O Z Y D A
B E A J A J P C O R D A S V
U I N S E T T O F G Q Z M V
S J O L A G O T E N D A O E
S Q A N I M A L I P X I N N
O P S F K S J F U O C O T T
L B J O Z F M M J N X L A U
A T T R E Z Z A T U R A G R
N A W E M C A C C I A N N A
A R Y S A A A L X S A T A J
T P K T P B X M U C R E X P
U C X A P I F R A N Q R O U
R W Y P A N F S P C A N E Z
A A X R N A Y Z G T A A R G
```

ANIMALI
AVVENTURA
BUSSOLA
CABINA
CANOA
MAPPA
CAPPELLO
CACCIA
CORDA
ATTREZZATURA

FUOCO
FORESTA
AMACA
INSETTO
LAGO
LANTERNA
LUNA
MONTAGNA
NATURA
TENDA

11 - Conservation

```
K F N R H G W X E C Y Q Z S
P Q A I T P S X D I I W I C
F S T C P M B V U K Q C I B
U F U I U M K E C Z L U L I
O E R C Z B E R A C Q U A O
G S A L U T E D Z K J G Y R
R O L A P K W E I Z F I E G
S I E R N D M Y O F M K K A
S B D E P B I P N A H X U N
I N Q U I N A M E N T O T I
G Q R A R H A B I T A T Z C
T F Z X F R C L I M A M R O
J P S O S T E N I B I L E Y
P D C O J P E S T I C I D A
```

CLIMA
CICLO
SOSTENIBILE
ACQUA
EDUCAZIONE
HABITAT
NATURALE

ORGANICO
PESTICIDA
INQUINAMENTO
RICICLARE
RIDURRE
SALUTE
VERDE

12 - Écologie

```
H M A R I N O P Q M A M S V
A H Z D C A F A U N A O P O
B F S P M T C L I M A N E L
I D T A G U T U S I Y T C O
T A X M I R R D S H E A I N
A N T Q O A C E R Z X G E T
T C O M U N I T À E E N P A
S O S T E N I B I L E E I R
S O P R A V V I V E N Z A I
R I S O R S E F L O R A N D
I Y Z D I V E R S I T À J
X R I N A T U R A L E I E O
X S T U Y V A R I E T À G N
E F I U S I C C I T À T Y G
```

VOLONTARI
CLIMA
COMUNITÀ
DIVERSITÀ
SOSTENIBILE
SPECIE
FAUNA
FLORA
HABITAT
PALUDE

MARINO
MONTAGNE
NATURA
NATURALE
PIANTE
RISORSE
SICCITÀ
SOPRAVVIVENZA
VARIETÀ

13 - Astronomie

```
W  T  G  O  K  L  R  A  Z  Z  O  S  A  T
C  S  Y  A  S  B  U  Q  M  K  Z  O  S  E
C  H  G  E  L  Q  K  N  Q  L  C  L  T  R
N  K  W  O  Q  A  X  I  A  K  C  A  R  R
C  O  P  H  N  U  S  J  H  O  I  R  O  A
P  C  X  M  D  W  I  S  P  A  E  E  N  S
I  O  X  I  O  J  N  I  S  L  Z  A  U
A  S  T  R  O  N  O  M  O  A  O  Z  U  P
N  M  E  T  E  O  R  A  C  Z  R  Q  T  E
E  O  E  C  L  I  S  S  I  D  I  Y  A  R
T  D  A  S  T  E  R  O  I  D  E  O  P  N
A  R  Z  R  A  D  I  A  Z  I  O  N  E  O
C  O  S  T  E  L  L  A  Z  I  O  N  E  V
O  S  S  E  R  V  A  T  O  R  I  O  G  A
```

ASTEROIDE	GALASSIA
ASTRONAUTA	LUNA
ASTRONOMO	METEORA
CIELO	OSSERVATORIO
COSTELLAZIONE	PIANETA
COSMO	RADIAZIONE
ECLISSI	SOLARE
EQUINOZIO	SUPERNOVA
RAZZO	TERRA

14 - Types de Cheveux

```
Z  P  L  P  H  T  M  O  R  B  I  D  O  A
G  X  E  N  L  G  Q  A  U  W  O  R  D  H
C  O  L  O  R  A  T  O  R  S  A  N  O  I
A  S  C  I  I  A  N  T  H  R  H  F  U  R
R  O  A  L  C  H  S  E  O  T  O  O  O  I
G  T  L  O  C  N  P  C  R  L  F  N  O  C
E  T  V  S  I  R  E  O  I  O  R  R  E  C
N  I  O  H  O  I  S  N  B  U  Z  B  B  I
T  L  U  N  G  O  S  D  E  I  T  K  D  O
O  E  J  P  R  N  O  U  M  K  H  T  X  L
G  R  I  G  I  O  R  L  U  C  I  D  O  I
B  I  A  N  C  O  E  A  B  I  O  N  D  O
R  S  U  D  M  I  I  T  W  D  M  M  A  K
B  R  E  V  E  M  P  O  B  L  Q  X  I  A
```

ARGENTO	RICCIO
BIANCO	GRIGIO
BIONDO	LUNGO
RICCIOLI	MARRONE
LUCIDO	SOTTILE
CALVO	NERO
COLORATO	ONDULATO
BREVE	SANO
MORBIDO	ASCIUTTO
SPESSORE	

15 - Restaurant #1

```
C  P  I  C  C  A  N  T  E  C  P  M  T  C
A  I  A  O  I  T  A  M  B  U  R  G  O  A
F  R  O  N  D  S  U  B  K  C  E  Q  V  M
F  I  D  T  E  I  A  R  O  I  N  R  A  E
È  Q  G  I  O  W  O  L  G  N  O  M  G  R
M  B  D  Z  J  L  Z  L  S  A  T  E  L  I
W  X  D  B  W  J  A  B  M  A  A  N  I  E
C  O  L  T  E  L  L  O  P  E  Z  Ù  O  R
P  O  L  L  O  N  L  T  I  Y  I  K  L  A
P  U  I  J  M  P  E  B  A  L  O  F  O  Y
E  D  E  S  S  E  R  T  I  N  B  B  W
A  B  Y  K  C  E  G  K  T  T  E  D  F  C
J  S  P  U  X  C  I  B  O  A  I  Z  I  Z
H  K  G  Z  B  C  A  S  S  I  E  R  E  W
```

ALLERGIA	MENÙ
PIATTO	CIBO
CIOTOLA	PANE
CAFFÈ	POLLO
CASSIERE	PRENOTAZIONE
COLTELLO	SALSA
CUCINA	CAMERIERA
DESSERT	TOVAGLIOLO
PICCANTE	

16 - Mammifères

```
B L R Y J N S D P T O R O K
A A E O M R C Z E B R A E O
M P L G C L I A C L N R L J
W Z E E O L M E O U F L E R
D X F C N J M W R P J I O E
G P A A I A I M A O W I N R
H A N N G L A C O Y O T E O
R A T E L W M L R Q P N F W
P P E T I G R E S L Y U Q W
Y U E A O E C U O P J W C W
G O R I L L A G I R A F F A
E M C A N G U R O I R Q W U
A O A O C A V A L L O P W F
V O L P E Y L F P R D E W P
```

BALENA	CONIGLIO
GATTO	LEONE
CAVALLO	LUPO
CANE	PECORA
COYOTE	ORSO
DELFINO	VOLPE
ELEFANTE	SCIMMIA
GIRAFFA	TORO
GORILLA	TIGRE
CANGURO	ZEBRA

17 - Sports

```
V Z T R G B L E A F I B A T
G I O C O N A E T S T A T D
I G N F L L L S Z A D S L R
N Z X C F M I B E R G K E P
N U L C I T B N L B C E T A
A N S Q S T H C Z I A T A P
S C A M P I O N A T O L I A
T E N N I S B R U R S F L L
I N U O T A R E E O W Q S E
C Y R J C S H O C K E Y T S
A M O V I M E N T O Z G A T
A L L E N A T O R E C G D R
G I O C A T O R E L Y N I A
Q I A S Q U A D R A K H O T
```

ARBITRO
ATLETA
BASEBALL
BASKET
CAMPIONATO
ALLENATORE
SQUADRA
VINCITORE
GOLF

PALESTRA
GINNASTICA
HOCKEY
GIOCO
GIOCATORE
MOVIMENTO
NUOTARE
STADIO
TENNIS

18 - Chocolat

```
P R I C E T T A C A C A O A
N O C E D I C O C C O A K N
C T L F G C I L A F D R O T
A O I V D U Q U A L I T À I
R C N Z E C S N A B C I A O
A A G U L R B T I A A G M S
M L R C I A E Y O O R I A S
E O E C Z K R D G W A A R I
L R D H I P Q O S L M N O D
L I I E O N E L M G E A J A
A E E R S Y S C X A L L D N
D H N O O D P E J R L E M T
Q P T E S O T I C O O T R E
Q P E A R A C H I D I T G O
```

AMARO	DOLCE
ANTIOSSIDANTE	ESOTICO
AROMA	GUSTO
ARTIGIANALE	INGREDIENTE
CARAMELLA	NOCE DI COCCO
ARACHIDI	POLVERE
CACAO	QUALITÀ
CALORIE	RICETTA
CARAMELLO	ZUCCHERO
DELIZIOSO	

19 - Mathématiques

```
R T P W Y W D I A M E T R O
E R A R I A I F O B S R C G
T I R F A N H D O P P M U E
T A A E S G N E N U O Y K O
A N L Q I O G C R P N X U M
N G L U M L N I S F E R A E
G O E A M I C M O W N M G T
O L L Z E S Q A M Z T M L R
L O O I T I U L M R E F R I
O R J O R K C E A J J J C A
E K X N I Q U A D R A T O H
H J H E A F R A Z I O N E H
A R I T M E T I C A U C L J
C I R C O N F E R E N Z A U
```

ANGOLI
ARITMETICA
QUADRATO
CIRCONFERENZA
DECIMALE
DIAMETRO
ESPONENTE
EQUAZIONE
FRAZIONE

GEOMETRIA
PARALLELO
RAGGIO
RETTANGOLO
SOMMA
SFERA
SIMMETRIA
TRIANGOLO

20 - Mythologie

```
L T U O N O M A G I C O P F
A R C H E T I P O F O R Z A
B G U E R R I E R O M U H M
I D E E A T Z C F C P Q H C
R C I C N L I Y U D O B M Z
I Y R S C S I C L L R K O M
N A Z E A N F Z M G T I S O
T I H H D S Z A I E A U T R
O D R Q G E T X N L M X R T
S P S I B B N R E O E S O A
O Q J J Y D A Z O S N I C L
C R E A T U R A E I T L A E
D T L E G G E N D A O R N D
A D C R E A Z I O N E R O E
```

ARCHETIPO	GUERRIERO
DISASTRO	EROE
COMPORTAMENTO	GELOSIA
CREAZIONE	LABIRINTO
CREATURA	LEGGENDA
CREDENZE	MAGICO
CULTURA	MOSTRO
FULMINE	MORTALE
FORZA	TUONO

21 - Restaurant #2

```
P T P S I N S A L A T A S D
R O E F P A Z A B L P B A E
A R S O C E N A C Q U A L L
N T C R K X Z C G W J W E I
Z A E C Y G H I A C C I O Z
O H D H D D R D E I I F P I
G B U E M I N E S T R A B O
S K J T E N F P Q O Y D P S
M M U T P V E R D U R E A O
L Q O A J O B R U S E D I A
B E V A N D A K U T P P Y Y
N C A M E R I E R E T P D C
A P E R I T I V O Z T A T G
C U C C H I A I O G H B E B
```

APERITIVO
BEVANDA
SEDIA
CUCCHIAIO
PRANZO
DELIZIOSO
CENA
ACQUA
SPEZIE
FORCHETTA

FRUTTA
TORTA
GHIACCIO
VERDURE
UOVA
PESCE
INSALATA
SALE
CAMERIERE
MINESTRA

22 - Couleurs

```
G R I G I O F H C N D B U G
J Y P X G L U O O S O E B I
B L U G Q T C A Y E K I Z A
Q C R E M I S I M K L G X L
C N D B U B I A N C O E R L
V I T P O T A X H D Z R O O
G E A M A R R O N E A A S V
C U R N N E R O H J M C S I
Z Q L D O A Z Z U R R O O O
Q E A O E M A G E N T A R L
G Q H Z X L R L B J U G R A
A J N O D H H P J K G L U Q
S E P P I A A R A N C I A Q
W H Z H R O S A J X A I E I
```

AZZURRO	MAGENTA
BEIGE	MARRONE
BIANCO	NERO
BLU	ARANCIA
CREMISI	ROSA
CIANO	ROSSO
FUCSIA	SEPPIA
GRIGIO	VERDE
INDACO	VIOLA
GIALLO	

23 - Avions

```
D E I P G Z G D E A A A C A
G Q A D I S C E S A V T I L
E U L T R L C H F Q V T E T
E I X O M O T O R E E E L E
T P U G R O G F C X N R O Z
P A A A U M S E I O T R Q Z
I G W R P Y N F N F U A Z A
L G F Y I A J W E O R G S I
O I O R H A H X N R A G T A
T O G O N F I A R E A I O R
A P A S S E G G E R O O R Z
C O S T R U Z I O N E L I J
C A R B U R A N T E P K A D
O P A L L O N C I N O L Z H
```

ARIA   EQUIPAGGIO
ATMOSFERA   GONFIARE
ATTERRAGGIO   ALTEZZA
AVVENTURA   STORIA
PALLONCINO   IDROGENO
CARBURANTE   MOTORE
CIELO   PASSEGGERO
COSTRUZIONE   PILOTA
DISCESA

24 - Aventure

```
D O B N V I A G G I O E W S
I K C A R Z C A S O P N H I
F G H V L I O T O E P T F C
F I T I N E R A R I O U D U
I O N G P O A P P B R S A R
C I A A M D G E R E T I T E
O A T Z O I G R E L U A T Z
L P U I B I I N L N S I Z Z
T M R O A M O C D E I M V A
À S A N U O V O E Z T O I Y
H Q G E I M A L N Z À L T T
I N S O L I T O T A F A À F
E G Q O C Z F S E L A F J C
E S C U R S I O N E C U K C
```

ATTIVITÀ	ITINERARIO
BELLEZZA	GIOIA
CORAGGIO	NATURA
CASO	NAVIGAZIONE
PERICOLOSO	NUOVO
DIFFICOLTÀ	OPPORTUNITÀ
ENTUSIASMO	SICUREZZA
ESCURSIONE	SORPRENDENTE
INSOLITO	VIAGGI

25 - Ville

```
A G M U S U T G S Q K Z H Z
E A C I N E M A D C S S O H
R L X A F A I A B K U D T Z
O L I B R E R I A A O O E C
P E F I O R I S T A N N L B
O R I S T O R A N T E C G A
R I M E R C A T O H J W A L
T A G C U N I V E R S I T À
O R T G S M U S E O R W T I
S P A N E T T E R I A Y D G
C L I N I C A Z O O I R W A
C T J Q J X H D C E Z U S H
P F D T B I B L I O T E C A
E L E F T E A T R O B N A A
```

AEROPORTO	HOTEL
BANCA	LIBRERIA
BIBLIOTECA	MERCATO
PANETTERIA	MUSEO
CINEMA	RISTORANTE
CLINICA	STADIO
SCUOLA	TEATRO
FIORISTA	UNIVERSITÀ
GALLERIA	ZOO

26 - Cuisine

```
A  Z  U  F  L  F  R  I  C  E  T  T  A  B
D  F  D  O  K  R  G  R  I  G  L  I  A  Z
C  U  C  C  H  I  A  I  M  T  X  P  C  L
C  S  T  O  B  G  R  Z  S  V  A  S  O  H
I  P  A  N  T  O  V  A  G  L  I  O  L  O
B  U  Z  K  Q  R  L  B  M  Q  I  D  T  I
O  G  Z  D  R  I  T  L  R  K  E  B  E  C
D  N  E  E  H  F  Y  Y  I  O  E  K  L  I
B  A  C  C  H  E  T  T  E  T  C  A  L  O
M  J  D  N  D  R  K  U  U  F  O  C  I  T
G  M  E  S  T  O  L  O  E  I  O  R  A  O
F  O  R  C  H  E  T  T  E  N  T  R  E  L
K  C  O  N  G  E  L  A  T  O  R  E  N  A
K  E  S  P  E  Z  I  E  K  L  E  N  F  O
```

BACCHETTE	FORCHETTE
CIOTOLA	GRIGLIA
BOLLITORE	MESTOLO
CONGELATORE	CIBO
COLTELLI	VASO
BROCCA	RICETTA
CUCCHIAI	FRIGORIFERO
SPEZIE	TOVAGLIOLO
SPUGNA	TAZZE
FORNO	

27 - Corps Humain

```
G Z T M M T O P E P H E E R
I N Y R A C W C Z R E F Z Y
N A S O N B O C C A N L B W
O D C U O R E L M Q Z M L P
C A V I G L I A L M M E L E
C T O O N Q D I T O A N A O
H C E R V E L L O J S T B R
I S A N G U E D U Q C O B E
O F T R G O M I T O E T R C
N A E O L H B S P A L L A C
G C S K M J T E I I L Y A H
R C T T O A P D C E A F R I
T I A P A I C L N E H K L O
N A N L W I E O P R E L W I
```

BOCCA   LABBRA
CERVELLO   MANO
CAVIGLIA   MASCELLA
COLLO   MENTO
GOMITO   NASO
CUORE   ORECCHIO
DITO   PELLE
STOMACO   SANGUE
SPALLA   TESTA
GINOCCHIO   FACCIA

28 - Épices

```
A  R  J  H  I  C  M  A  G  M  D  S  L  Z
D  C  T  P  F  I  Z  M  U  C  O  U  H  A
Y  R  I  Y  I  P  P  A  S  Z  I  G  Q  F
A  C  C  D  N  O  X  R  T  W  G  G  Z  F
R  U  H  D  O  L  A  O  O  U  S  A  L  E
J  R  F  Z  C  L  Q  N  A  Z  K  P  C  R
U  R  B  E  C  A  G  L  I  O  S  E  A  A
P  Y  N  N  H  N  E  Q  W  C  L  P  N  N
L  A  R  Z  I  F  M  Y  H  G  E  E  N  O
M  M  P  E  O  A  J  H  M  E  D  X  E  X
S  C  O  R  I  A  N  D  O  L  O  U  L  Q
K  Q  O  O  I  C  U  M  I  N  O  R  L  N
X  R  J  D  H  K  Y  Y  W  K  K  C  A  H
L  U  T  N  H  C  A  R  D  A  M  O  M  O
```

ACIDO	FINOCCHIO
AGLIO	ZENZERO
AMARO	CIPOLLA
ANICE	PAPRIKA
CANNELLA	PEPE
CARDAMOMO	ZAFFERANO
CORIANDOLO	GUSTO
CUMINO	SALE
CURRY	

29 - Science

```
U M A X F P M N T R F L N A
G R A V I T À L O Z I A G T
S C I E N Z I A T O S B Q O
H M U B S N E K T Z I O P M
Q B M I N E R A L I C R A O
E V O L U Z I O N E A A R J
F I L T P X W N R F A T T O
O P E N A T U R A K N O I C
S O C C Z Z H R J S J R C L
S T O I G D Y T Q E F I E I
I E L O R G A N I S M O L M
L S E O D M E T O D O C L A
E I P Y C H I M I C O M E K
E O S S E R V A Z I O N E G
```

ATOMO
CHIMICO
CLIMA
DATI
EVOLUZIONE
FATTO
FOSSILE
GRAVITÀ
IPOTESI
LABORATORIO

METODO
MINERALI
MOLECOLE
NATURA
OSSERVAZIONE
ORGANISMO
PARTICELLE
FISICA
SCIENZIATO

30 - Chats

```
S  W  S  D  A  I  W  Z  A  M  P  A  I  L
D  T  E  I  R  G  W  S  F  P  E  R  N  B
Y  P  L  V  R  I  S  W  F  A  R  T  D  P
P  M  V  E  L  O  C  E  E  Z  S  I  I  E
O  L  A  R  I  C  C  H  T  Z  O  G  P  L
C  R  G  T  R  O  U  F  T  O  N  L  E  L
O  T  G  E  E  S  R  I  U  M  A  I  N  I
D  I  I  N  C  O  I  L  O  F  L  O  D  C
O  M  O  T  O  P  O  O  S  H  I  E  E  C
R  I  F  E  D  F  S  R  O  A  T  Z  N  I
M  D  Z  F  A  J  O  D  J  D  À  F  T  A
I  O  A  C  A  C  C  I  A  T  O  R  E  K
R  Y  Z  H  D  D  N  A  I  O  S  D  R  G
E  M  H  B  Y  P  K  G  G  H  S  D  E  R
```

AFFETTUOSO
CACCIATORE
CURIOSO
DORMIRE
DIVERTENTE
GIOCOSO
FILO
PAZZO
PELLICCIA
ARTIGLIO

INDIPENDENTE
ZAMPA
PERSONALITÀ
POCO
CODA
VELOCE
SELVAGGIO
TOPO
TIMIDO

31 - Vêtements

```
G I O O M C O L L A N A C Q
I U D I C A P P O T T O A M
A R A N P I G I A M A B P Q
C U R N I X O L C Z P N P C
C R C J T I N C I O D K E A
A X B K Z I N L A O T G L M
S J J Q K E A N B C N J L I
C I N T U R A I I Q T E O C
A C G B E W X M T U E A I I
R W P A N T A L O N I N H A
P S C I A R P A R D P S P S
A W G O U S S A N D A L I E
B R A C C I A L E T T O Z H
G R E M B I U L E T R M M J
```

BRACCIALETTO	CAPPOTTO
CINTURA	MODA
CAPPELLO	PANTALONI
SCARPA	MAGLIONE
CAMICIA	PIGIAMA
COLLANA	ABITO
SCIARPA	SANDALI
GUANTI	GREMBIULE
JEANS	GIACCA
GONNA	

32 - Arts Visuels

```
P P Y B O F Q X C K C G S A
C R E A T I V I T À E C C R
E S O N X L O Z G P R A U C
R T C S N M Y P H I A P L H
A A A C P A F Z J T M O T I
M M V A G E S S O T A L U T
I P A R R N T K W U T A R E
C I L B C T Y T N R I V A T
A N L O C J I H I A T O C T
N O E N T C X S B V A R I U
U S T E G J N E T M A O X R
W S T A R G I L L A R X B A
O C O M P O S I Z I O N E X
Y N G L Y E R I T R A T T O
```

ARCHITETTURA
ARGILLA
ARTISTA
CERAMICA
CARBONE
CAPOLAVORO
CAVALLETTO
CERA
COMPOSIZIONE
GESSO

MATITA
CREATIVITÀ
FILM
PITTURA
PROSPETTIVA
STAMPINO
RITRATTO
SCULTURA
PENNA

33 - Méditation

```
O  S  S  E  R  V  A  Z  I  O  N  E  U  M
A  B  I  T  U  D  I  N  I  B  N  M  G  O
R  K  Q  A  T  T  E  N  Z  I  O  N  E  V
P  E  R  M  J  M  U  S  I  C  A  N  N  I
Q  F  S  E  M  J  E  B  N  P  F  A  T  M
Z  Z  V  P  Y  Y  U  N  M  G  B  T  I  E
Z  F  E  H  I  T  T  O  T  X  F  U  L  N
E  Q  G  S  S  R  I  Q  I  A  O  R  E  T
J  I  L  G  S  C  A  L  M  A  L  A  Z  O
C  H  I  A  R  E  Z  Z  A  J  W  E  Z  X
P  R  O  S  P  E  T  T  I  V  A  G  A  M
E  M  O  Z  I  O  N  I  U  O  P  A  C  E
K  G  R  A  T  I  T  U  D  I  N  E  Z  B
A  C  C  E  T  T  A  Z  I  O  N  E  K  F
```

ACCETTAZIONE
ATTENZIONE
CALMA
CHIAREZZA
EMOZIONI
SVEGLIO
GENTILEZZA
GRATITUDINE
ABITUDINI

MENTALE
MOVIMENTO
MUSICA
NATURA
OSSERVAZIONE
PACE
PROSPETTIVA
RESPIRAZIONE

34 - Littérature

```
J  Z  D  Z  R  D  I  A  L  O  G  O  P  P
C  P  I  B  I  O  G  R  A  F  I  A  O  X
O  O  W  K  T  E  M  A  L  J  S  N  E  R
N  E  N  U  M  E  T  A  F  O  R  A  T  C
F  S  A  C  O  M  Z  A  T  P  I  L  I  J
R  I  M  N  L  F  P  G  U  S  M  I  C  X
O  A  I  I  A  U  R  G  W  T  A  S  O  F
N  C  U  S  W  L  S  Y  D  I  O  I  O  I
T  Z  M  K  D  I  O  I  O  L  Q  R  Z  N
O  C  B  Y  C  S  Q  G  O  E  K  P  E  Z
R  O  M  A  N  Z  O  Q  I  N  H  Y  G  I
A  N  E  D  D  O  T  O  P  A  E  U  C  O
N  A  R  R  A  T  O  R  E  W  L  U  X  N
D  E  S  C  R  I  Z  I  O  N  E  G  A  E
```

ANALOGIA	METAFORA
ANALISI	NARRATORE
ANEDDOTO	POESIA
AUTORE	POETICO
BIOGRAFIA	RIMA
CONFRONTO	ROMANZO
CONCLUSIONE	RITMO
DESCRIZIONE	STILE
DIALOGO	TEMA
FINZIONE	

35 - Nourriture #1

```
J N C J M Y S W P J X B J O
T R A P A F A U D M Q R D R
C O N F Y Z L N C A F F È Z
A B N W F F E E I C J S R O
R A E N H M L P F N O O Q H
N S L H O I E X N T J S L Z
E I L J I N S A L A T A I U
H L A T T E L M Z U G C M C
P I R J R S P I N A C I O C
E C A R O T A H B H Q P N H
R O Q G F R A G O L A O E E
A K E U L A O E G Z W L C R
K W B Y D I T T R E P L T O
U H Z I B O O I Z N F A H O
```

AGLIO   RAPA
BASILICO   CIPOLLA
CAFFÈ   ORZO
CANNELLA   PERA
CAROTA   INSALATA
LIMONE   SALE
SPINACI   MINESTRA
FRAGOLA   ZUCCHERO
SUCCO   TONNO
LATTE   CARNE

36 - Jours et Mois

```
S A B A T O N Y L Q N O F L
E Q L L U G L I O E R T E J
T U G I U G N O G Y S T B A
T N O M Z Q D O Z S A O B U
I M A R T E D Ì V J P B R C
M E R C O L E D Ì E Z R A S
A A Q K U D M E S E M E I E
N G R X G I O V E D Ì B O T
A O H Z S X G M D L Y L R T
R S Z J O G A N E U Y G U E
Q T V E N E R D Ì N O J Y M
U O X N X Y B F J E I G F B
G E N N A I O L Y D W C L R
A P R I L E E W M Ì I F A E
```

AGOSTO
APRILE
DOMENICA
FEBBRAIO
GENNAIO
GIOVEDÌ
LUGLIO
GIUGNO
LUNEDÌ
MARTEDÌ

MARZO
MERCOLEDÌ
MESE
NOVEMBRE
OTTOBRE
SABATO
SETTIMANA
SETTEMBRE
VENERDÌ

37 - Championnat

```
M R E S I S T E N Z A F A S
D E V I T T O R I A M I L B
S U D O R E R P U P O N L J
S Q U A D R A C N Y T A E C
C Y L Z G U L H D Q I L N A
L P C R D L O U Q L V I A M
W J C A M P I O N E A S T P
G I O C H I E A I G Z T O I
S T R A T E G I A A I A R O
D Q I M Q O T T N H O K E N
J L X L I Q R A D X N L S A
G I U D I C E N S B E R R T
S P O R T I V O E R K Y A O
E P R E S T A Z I O N E B L
```

CAMPIONE
CAMPIONATO
RESISTENZA
ALLENATORE
SQUADRA
FINALISTA
GIOCHI
GIUDICE
LEGA

MEDAGLIA
MOTIVAZIONE
PRESTAZIONE
SPORTIVO
STRATEGIA
TORNEO
SUDORE
VITTORIA

38 - Pirates

```
M  Y  T  E  S  O  R  O  S  S  X  U  O  C
M  E  U  W  B  N  L  C  E  P  L  Q  L  A
Q  A  M  O  N  E  T  E  Y  I  Z  Q  W  P
K  R  P  P  A  P  P  A  G  A  L  L  O  I
J  O  U  P  S  Q  B  N  S  G  I  Q  R  T
G  W  I  F  A  P  W  O  P  G  E  E  O  A
P  E  R  I  C  O  L  O  A  I  T  N  J  N
B  A  N  D  I  E  R  A  D  A  Y  N  D  O
W  T  B  E  Q  U  I  P  A  G  G  I  O  A
C  I  C  A  T  R  I  C  E  R  N  R  C  J
C  A  T  T  I  V  O  W  P  O  F  U  H  M
A  N  C  O  R  A  X  Q  C  T  F  M  M  E
A  V  V  E  N  T  U  R  A  T  M  T  R  D
I  S  O  L  A  S  A  N  L  A  M  J  J  Z
```

ANCORA	ISOLA
AVVENTURA	LEGGENDA
CAPITANO	CATTIVO
MAPPA	OCEANO
CICATRICE	ORO
PERICOLO	PAPPAGALLO
BANDIERA	MONETE
SPADA	SPIAGGIA
EQUIPAGGIO	RUM
GROTTA	TESORO

39 - Activités

```
E  S  C  U  R  S  I  O  N  I  E  Y  P  A
T  C  C  U  C  I  R  E  G  J  I  S  P  T
Q  E  A  R  T  I  G  I  A  N  A  T  O  T
O  R  M  O  G  L  E  T  T  U  R  A  I  I
P  A  A  P  I  A  C  E  R  E  K  F  C  V
E  M  B  F  O  T  O  G  R  A  F  I  A  I
S  I  I  X  C  L  P  S  Z  S  R  F  C  T
C  C  L  E  H  B  I  W  D  E  M  M  C  À
A  A  I  T  I  Y  T  B  I  H  F  W  I  T
R  B  T  J  L  Q  T  R  E  T  X  A  A  O
F  P  À  X  S  K  U  J  F  R  N  R  Y  X
O  U  Z  Q  J  T  R  Z  Y  Z  O  T  O  K
M  A  G  I  A  J  A  D  I  B  N  E  C  X
G  I  A  R  D  I  N  A  G  G  I  O  T  U
```

ATTIVITÀ	LETTURA
ARTE	TEMPO LIBERO
ARTIGIANATO	MAGIA
CERAMICA	PITTURA
CACCIA	PESCA
ABILITÀ	FOTOGRAFIA
CUCIRE	PIACERE
GIARDINAGGIO	ESCURSIONI
GIOCHI	

40 - Fleurs

```
H G J X O P H G Q M O L N M
R Z G M M E P I G A M A P Z
I S Z L O O U R M R T V A P
D B P A P N F A M G O A P E
J U I L J I X S A H R N A T
A B Y S U A B O G E G D V A
N C F Z C M Y L N R A A E L
W M O S G O E E O I R S R O
N A R C I S O R L T D E O C
D Z W T G U R C I A E Q A J
G Z I Q L C H O A A N K J K
H O G L I L L A S F I P S G
G E L S O M I N O A A F M R
T R I F O G L I O J K F P J
```

MAZZO
GARDENIA
IBISCO
GELSOMINO
NARCISO
LAVANDA
LILLA
GIGLIO
MAGNOLIA

MARGHERITA
PAPAVERO
PETALO
PEONIA
PLUMERIA
ROSA
GIRASOLE
TRIFOGLIO

41 - Nourriture #2

```
L  P  A  N  E  L  L  W  C  T  H  P  A  B
G  R  A  N  O  B  J  M  E  L  A  O  Y  S
W  O  P  O  M  Y  S  B  A  Y  F  M  R  O
B  S  E  D  A  N  O  R  C  N  T  O  G  W
U  C  S  H  N  Y  H  O  P  G  G  D  R  O
T  I  C  M  D  T  R  C  U  B  I  O  X  O
E  U  E  P  O  P  I  C  U  Y  Y  R  R  L
F  T  T  X  R  G  S  O  X  V  R  O  K  J
P  T  O  R  L  U  O  L  M  N  A  A  I  C
C  O  D  R  A  Z  E  O  Q  M  K  U  W  Q
M  E  L  A  N  Z  A  N  A  M  J  O  I  Z
W  Z  Q  L  B  A  N  A  N  A  X  V  N  T
E  C  C  I  O  C  C  O  L  A  T  O  I  D
F  U  N  G  O  C  I  L  I  E  G  I  A  O
```

MANDORLA	KIWI
MELANZANA	MANGO
BANANA	UOVO
GRANO	PANE
BROCCOLO	PESCE
CILIEGIA	MELA
SEDANO	POLLO
FUNGO	UVA
CIOCCOLATO	RISO
PROSCIUTTO	POMODORO

42 - Océan

```
T A K M P S U Z O E H D L P
J A N L L A P E S C E E T O
W Z R G Y L O M T S S L D L
G M Y T U E W C R Q P F J P
I A Z U A I X C I U U I B O
Q R A U D R L C C A G N A G
M E D U S A U L A L N O R R
C E H T O D O G A O A W C A
D O T O N N O B A L E N A N
G N R G A M B E R E T T O C
T D M A S C O G L I E R A H
Z E L Z L T E M P E S T A I
M A Y Q R L N K F H U Z C O
M K N L Z J O K Y Y O L S K
```

ANGUILLA
BALENA
BARCA
CORALLO
GRANCHIO
GAMBERETTO
DELFINO
SPUGNA
OSTRICA
MAREE

MEDUSA
PESCE
POLPO
SQUALO
SCOGLIERA
SALE
TEMPESTA
TONNO
TARTARUGA
ONDE

43 - Remplir

```
H B S E C C H I O V V P B M
D J U P N B O R S A A A A K
U Q P S Z Y V C Q S L C R B
O R U W T C A E F S I C I O
C T U B O A S S S O G H L T
A A P W J N C T U I I E E T
S O S O E J A O C O A T B I
S U F S S C A T O L A T M G
E X B B A C I N O A J O H L
T C A R T O N E T A S C A I
T N N P Z A R A A G T Y Q A
O G I X W H U L V A S O I T
C A R T E L L A Y E T S W K
L K C B Z H H G D R M A L U
```

VASCA	CESTO
BARILE	PACCHETTO
BACINO	VASSOIO
SCATOLA	TASCA
BOTTIGLIA	BORSA
CASSA	SECCHIO
CARTONE	CASSETTO
CARTELLA	TUBO
BUSTA	VALIGIA
NAVE	VASO

44 - Ballet

```
I  M  S  A  R  T  I  S  T  I  C  O  P  T
G  N  U  T  R  M  H  K  Y  U  J  G  U  E
O  E  T  S  I  R  U  L  K  Y  Q  R  B  C
R  Q  J  E  I  L  K  X  R  D  F  A  B  N
C  P  I  S  N  C  E  J  Z  H  J  Z  L  I
H  A  R  P  D  S  A  J  O  U  E  I  I  C
E  M  L  R  P  I  I  G  E  S  T  O  C  A
S  U  Q  E  G  W  E  T  Z  U  S  O  A  A
T  S  S  S  D  A  N  À  S  T  O  W  B  B
R  C  P  S  A  P  P  L  A  U  S  O  O  I
A  O  R  I  T  M  O  K  D  C  T  Y  G  L
E  L  O  V  B  A  L  L  E  R  I  N  I  I
W  I  V  O  U  Y  A  S  S  O  L  O  K  T
W  B  A  L  L  E  R  I  N  A  C  C  U  À
```

APPLAUSO	MUSCOLI
ARTISTICO	MUSICA
BALLERINA	ORCHESTRA
ABILITÀ	PUBBLICO
BALLERINI	PROVA
ESPRESSIVO	RITMO
GESTO	ASSOLO
GRAZIOSO	STILE
INTENSITÀ	TECNICA

45 - Fruit

```
D O N I C L D E S M N A L Y
Q K E J I U A C N Q E V A E
A F D R L P K I W I T O M N
D Z Y Y I H E H H T T C P H
M H F P E Z J S Y G A A O L
H O A M G L B R C U R D N O
L B M B I M I U V A I O E F
F I T M A N G O F V N U Q A
O J M A R A N C I A A S B A
M G O O A L B I C O C C A N
M E L O N E F H O Z T E C A
Y Q L P R E B A N A N A C N
D M P A P A P A I A O E A A
T F P E R A D S Y L Y X D S
```

ALBICOCCA   KIWI
ANANAS   MANGO
AVOCADO   MELONE
BACCA   NETTARINA
BANANA   ARANCIA
CILIEGIA   PAPAIA
LIMONE   PESCA
FICO   PERA
LAMPONE   MELA
GUAVA   UVA

46 - Surf

```
C A M P I O N E B C E J O M
P T P L B B F P A G A I A E
R L V E L O C I T À N C U T
I E S T R E M O G L R N O E
N T T I Z N T P F O L L A O
C A S P I A G G I A E S P S
I D I V E R T I M E N T O C
P N O S Z A A H T Q S I P O
I U C C D N U S D Q T L O G
A O E H U D W U L B O E L L
N T A I F O R Z A Y M B A I
T A N U Q R W O N D A B R E
E R O M W R B J N S C O E R
T E A A N X P N I J O X X A
```

DIVERTIMENTO
ATLETA
CAMPIONE
PRINCIPIANTE
STOMACO
ESTREMO
FORZA
FOLLA
METEO
SCHIUMA

NUOTARE
OCEANO
PAGAIA
SPIAGGIA
POPOLARE
SCOGLIERA
STILE
ONDA
VELOCITÀ

47 - Technologie

```
F  M  O  S  M  F  D  O  L  F  S  B  I  S
V  I  R  U  S  O  K  M  B  Y  T  E  X  O
B  I  L  A  M  N  A  A  Z  F  A  A  E  F
B  E  O  E  F  T  P  C  R  L  T  J  L  T
B  R  O  W  S  E  R  D  O  E  I  C  S  W
V  S  R  U  W  D  G  A  M  F  S  I  E  A
F  I  C  O  M  P  U  T  E  R  T  N  D  R
C  C  R  H  M  H  O  I  S  I  I  T  I  E
U  U  I  T  E  G  E  T  S  C  C  E  G  C
R  R  E  O  U  R  M  T  A  E  H  R  I  X
S  E  Y  P  D  A  M  P  G  R  E  N  T  U
O  Z  R  U  C  B  L  O  G  C  J  E  A  Z
R  Z  L  W  N  K  O  E  I  A  T  T  L  W
E  A  Z  P  W  W  T  J  O  L  C  X  E  I
```

BLOG	DIGITALE
CURSORE	BYTE
DATI	COMPUTER
SCHERMO	FONT
FILE	RICERCA
INTERNET	SICUREZZA
SOFTWARE	STATISTICHE
MESSAGGIO	VIRTUALE
BROWSER	VIRUS

48 - Météo

```
R  O  R  G  P  V  U  K  Q  J  E  S  T  W
U  O  R  P  C  O  E  R  T  F  G  C  H  C
A  U  S  A  E  E  L  N  A  U  H  F  N  B
O  S  B  R  E  Z  Z  A  T  G  I  R  U  A
R  C  I  E  L  O  M  J  R  O  A  H  B  R
A  T  M  O  S  F  E  R  A  E  C  N  E  C
T  E  U  J  I  U  U  C  Z  M  C  A  O  O
U  M  A  S  C  I  U  T  T  O  I  G  M  B
O  P  N  L  C  J  P  O  B  N  O  C  P  A
N  E  J  Y  I  X  O  R  U  S  K  L  E  L
O  S  S  J  T  A  Z  N  K  O  J  I  N  E
G  T  Q  M  À  Z  D  A  N  N  I  M  L  N
Q  A  C  A  L  M  A  D  A  E  Z  A  H  O
E  X  K  F  Q  D  A  O  N  E  B  B  I  A
```

ARCOBALENO	NUBE
ATMOSFERA	URAGANO
BREZZA	POLARE
NEBBIA	ASCIUTTO
CALMA	SICCITÀ
CIELO	TEMPESTA
CLIMA	TUONO
GHIACCIO	TORNADO
MONSONE	VENTO

49 - Châteaux

```
L K P A M H I D R A G O I Q
O W R A F P M A K W F E G N
S C U D O F P R I N C I P E
P A N A R E E E O T O F A F
R V I R T U R G Z O R C R I
I A C M E D O N K R O A E M
N L O A Z A S O B R N V T S
C I R T Z L X S U E A A E M
I E N U A E L N O B I L E S
P R O R M J S H R E J L U P
E E P A L A Z Z O A D O A A
S R J I W R K R D K J T J D
S Y O L D M D I N A S T I A
A C A T A P U L T A F I F O
```

ARMATURA
SCUDO
CATAPULTA
CAVALLO
CAVALIERE
CORONA
DRAGO
DINASTIA
IMPERO
SPADA

FEUDALE
FORTEZZA
UNICORNO
PARETE
NOBILE
PALAZZO
PRINCIPE
PRINCIPESSA
REGNO
TORRE

50 - Randonnée

```
Y  P  X  G  N  C  P  B  P  W  V  M  S  F
L  A  H  A  A  A  K  A  D  C  E  O  E  P
S  R  S  Z  Q  L  T  S  K  H  R  N  L  R
P  C  L  I  M  A  W  U  A  Z  T  T  V  E
D  H  G  U  I  D  E  H  R  Q  I  A  A  P
P  I  E  T  R  E  P  F  Z  A  C  G  G  A
S  C  O  G  L  I  E  R  A  M  E  N  G  R
T  O  Y  T  H  D  S  G  M  R  E  A  I  A
A  G  L  B  Q  S  A  W  O  A  P  T  O  Z
N  X  U  E  Z  X  N  A  C  Q  U  A  E  I
C  O  C  L  G  S  T  I  V  A  L  I  L  O
O  Z  C  A  M  P  E  G  G  I  O  A  F  N
O  R  I  E  N  T  A  M  E  N  T  O  P  E
A  N  I  M  A  L  I  M  A  P  P  A  L  E
```

ANIMALI	METEO
STIVALI	MONTAGNA
CAMPEGGIO	NATURA
MAPPA	ORIENTAMENTO
CLIMA	PARCHI
ACQUA	PIETRE
SCOGLIERA	PREPARAZIONE
STANCO	SELVAGGIO
GUIDE	SOLE
PESANTE	VERTICE

51 - Meubles

```
D C U S C I N I C P T D S L
R I T A P P E T O U H Q P E
J B V E D P K P N B Y F E T
M X K A M O P O Z J J U C T
A M M O N A A L P S Y T C O
T M B D A O N T L R L O H A
E S D E E S C R I V A N I A
R G L B L C A O B H M A O R
A S E D I A A N R I P M G M
S B M S G F A A E B A A U O
S Z R O M F O H R J D C I I
O X I K U A K A I B A A G R
G D Q A A L Q P A T E N D E
D M E J Z I C U S C I N O R
```

ARMOIRE	FUTON
PANCA	AMACA
LIBRERIA	LAMPADA
SCRIVANIA	LETTO
DIVANO	MATERASSO
SEDIA	SPECCHIO
CUSCINI	CUSCINO
SCAFFALI	TENDE
POLTRONA	TAPPETO

52 - Art

```
C E R A M I C A E J K Y P E
S C U L T U R A F I G U R A
C O M P L E S S O A S A D Q
A S G S P R A R I S D I T E
N P V G S O T W I U O D N O
K I I P E M E F A R R I A N
C S S E M T Y S R R I P Z E
D P I R P Y T O I E G I U S
C I V S L E Z O T A I N M T
E R O O I R L L R L N T O O
T A E N C W Z Z A I A I R K
H T W A E Z Y Z R S L W E E
H O K L R E C S R M E F K F
Q W L E J E X L E O Z B E H
```

CERAMICA
COMPLESSO
CREARE
RITRARRE
FIGURA
ONESTO
UMORE
ISPIRATO
ORIGINALE

DIPINTI
PERSONALE
POESIA
SCULTURA
SEMPLICE
SOGGETTO
SURREALISMO
VISIVO

53 - Nutrition

```
B  F  P  E  S  O  Q  C  P  T  Q  Y  T  S
I  E  R  F  D  Q  V  U  A  K  S  C  E  A
L  R  O  D  I  L  I  S  A  L  U  T  E  L
A  M  T  I  E  I  T  S  W  L  O  E  K  S
N  E  E  G  T  Q  A  P  N  A  I  R  Y  A
C  N  I  E  A  U  M  E  T  P  N  T  I  H
I  T  N  S  X  I  I  Z  G  P  A  O  À  E
A  A  E  T  N  D  N  I  U  E  S  S  O  I
T  Z  I  I  M  I  A  E  S  T  I  S  N  E
O  I  C  O  M  M  E  S  T  I  B  I  L  E
R  O  A  N  A  M  A  R  O  T  J  N  K  X
U  N  K  E  F  F  E  C  N  O  U  A  Q  O
N  E  C  A  R  B  O  I  D  R  A  T  I  Y
G  Y  B  G  C  S  A  N  O  P  L  U  K  L
```

AMARO	LIQUIDI
APPETITO	PESO
CALORIE	PROTEINE
COMMESTIBILE	QUALITÀ
DIETA	SANO
DIGESTIONE	SALUTE
SPEZIE	SALSA
BILANCIATO	GUSTO
FERMENTAZIONE	TOSSINA
CARBOIDRATI	VITAMINA

54 - Science Fiction

```
T A F T E C N O L O G I A J
C R E A L I S T I C O M Z I
W Z G E N U J D Y M G K I F
A K A B Z T U S O F M L A U
T O L C S P A E S T R E M O
O R A I L L U S I O N E U C
M A S N I A E P T G L R T O
I C S E B Q Z L W I I X O O
C O I M R D X O M R C W P R
O L A A I B G S G O O O I C
T O X O O F A I R N N B A O
P I A N E T A O R W T D O I
N I M M A G I N A R I O O T
G E R N I S C E N A R I O Z
```

ATOMICO	LIBRI
CINEMA	MONDO
ESPLOSIONE	ORACOLO
ESTREMO	PIANETA
FANTASTICO	REALISTICO
FUOCO	ROBOT
GALASSIA	SCENARIO
ILLUSIONE	TECNOLOGIA
IMMAGINARIO	UTOPIA

55 - Vertus #1

```
P M G Z W A D S K I A Z I A
U O E J Z F I E Q N R M A P
L D N W P F V J C D T P X P
I E E W P I E Z U I I A I A
T S R O R D R O R P S Z N S
O T O W A A T D I E T I N S
B O S D T B E N O N I E V I
S U O P I I N W S D C N S O
A T O I C L T A O E O T T N
G S J N O E E I A N X E B A
G Q T Q O H H D U T I L E T
I I N T E L L I G E N T E O
O A F F A S C I N A N T E D
E F F I C I E N T E B W J P
```

ARTISTICO
BUONO
AFFASCINANTE
CURIOSO
DECISIVO
DIVERTENTE
EFFICIENTE
AFFIDABILE
GENEROSO

INDIPENDENTE
INTELLIGENTE
MODESTO
APPASSIONATO
PAZIENTE
PRATICO
PULITO
SAGGIO
UTILE

56 - Professions #1

```
A  V  V  O  C  A  T  O  M  E  D  I  C  O
C  A  C  C  I  A  T  O  R  E  G  G  E  G
G  E  O  L  O  G  O  P  C  K  I  W  N  O
P  A  M  B  A  S  C  I  A  T  O  R  E  A
B  S  U  B  Z  C  H  A  R  I  I  A  S  L
P  A  I  D  Y  X  I  N  T  N  E  S  C  L
Y  O  N  C  G  L  E  I  O  F  L  T  I  E
R  Q  K  C  O  I  C  S  G  E  L  R  E  N
C  O  W  P  H  L  N  T  R  R  I  O  N  A
L  E  H  J  Y  I  O  A  A  M  E  N  Z  T
B  G  M  N  P  O  E  G  F  I  R  O  I  O
E  D  I  T  O  R  E  R  O  E  E  M  A  R
P  O  M  P  I  E  R  E  E  R  S  O  T  E
M  U  S  I  C  I  S  T  A  A  O  Y  O  Y
```

AMBASCIATORE	GEOLOGO
ASTRONOMO	INFERMIERA
AVVOCATO	MEDICO
BANCHIERE	MUSICISTA
GIOIELLIERE	PIANISTA
CARTOGRAFO	POMPIERE
CACCIATORE	PSICOLOGO
ALLENATORE	SCIENZIATO
EDITORE	

57 - Géologie

```
S C L E R O S I O N E W F L
T R G A G F I F Z O N A R O
A I W C V T J U H H Q Q L E
L S A O P A N S S D D O A C
A T C R A I L O D J B M A L
T A A A S G E Y S E R I L W
T L L L C O N T I N E N T E
I L C L C G V F R X K E G Q
T I I O A L U S O A Y R F U
E E O P V L L A W S T A N A
P B T W E H C L A N S L P R
C E C B R U A E K H P I T Z
E A M W N H N A C I D O L O
S N J Q A J O S T R A T O E
```

ACIDO   GEYSER
CALCIO   LAVA
CAVERNA   MINERALI
CONTINENTE   PIETRA
CORALLO   QUARZO
STRATO   SALE
CRISTALLI   STALATTITE
EROSIONE   VULCANO
FUSO   ZONA
FOSSILE

58 - Cirque

```
S P E T T A C O L A R E R T
C L O W N S A N I M A L I D
I N T R A T T E N E R E B H
P A L L O N C I N I T M B K
M A G O O T P P I L E O N E
C O S T U M E Y M R K B Q E
A S S X P U G N F B M I M L
T C L T W N O N D Q A G U E
I I R T R H U O P A G L S F
G M G O Q A N X A P I I I A
R M S F B A R D R T A E C N
E I W P R A X E A E R T A T
O A H K P J T F T K F T E E
U U K O Y E H A A D B O H P
```

ACROBATA	MAGO
ANIMALI	MAGIA
PALLONCINI	MOSTRARE
BIGLIETTO	MUSICA
CLOWN	PARATA
COSTUME	SCIMMIA
INTRATTENERE	SPETTACOLARE
ELEFANTE	TENDA
LEONE	TIGRE

59 - Jardin

S	U	O	L	O	G	F	B	V	Q	O	E	F	A
J	T	X	L	R	J	M	F	I	O	R	E	I	P
K	F	J	H	C	C	Q	F	T	F	E	P	B	A
N	W	A	J	E	S	K	U	E	C	C	A	H	L
S	J	G	T	R	A	M	P	O	L	I	N	O	A
R	T	I	S	B	L	F	P	E	T	N	W	Q	W
A	M	A	C	A	B	R	R	R	E	T	U	B	O
S	Q	R	G	K	E	U	A	B	R	O	U	D	I
T	J	D	A	N	R	T	T	A	R	Z	D	Y	X
R	T	I	R	D	O	T	O	C	A	R	M	K	Q
E	C	N	A	C	Z	E	O	C	Z	T	U	R	G
L	U	O	G	B	D	T	M	E	Z	Z	C	M	B
L	U	M	E	M	C	O	C	P	A	N	C	A	P
O	C	T	Q	L	C	E	S	P	U	G	L	I	O

ALBERO	ERBACCE
PANCA	PALA
CESPUGLIO	PRATO
RECINTO	RASTRELLO
STAGNO	SUOLO
FIORE	TERRAZZA
GARAGE	TRAMPOLINO
AMACA	TUBO
ERBA	FRUTTETO
GIARDINO	VITE

60 - Barbecues

```
Y  I  A  S  Z  C  E  N  A  D  I  F  D  I
O  X  N  C  I  P  O  L  L  E  C  R  B  G
Y  A  Y  S  B  O  D  L  S  X  Z  U  M  R
D  M  G  F  A  M  E  Z  T  P  W  T  D  I
S  B  M  S  H  L  P  H  J  E  O  T  F  G
C  A  F  P  S  B  A  A  E  P  L  A  A  L
A  M  L  P  K  Q  I  T  W  E  X  L  M  I
L  B  S  S  H  N  Z  P  E  B  I  Q  I  A
D  I  A  S  A  V  E  R  D  U  R  E  G  U
O  N  L  B  Z  N  S  A  P  M  A  C  L  A
Y  I  E  B  E  Y  T  N  O  I  M  U  I  C
M  U  S  I  C  A  A  Z  L  Z  B  F  A  D
G  I  O  C  H  I  T  O  L  S  G  R  S  T
O  H  R  C  J  K  E  D  O  E  T  T  H  G
```

CALDO	GIOCHI
COLTELLI	VERDURE
PRANZO	MUSICA
CENA	CIPOLLE
BAMBINI	PEPE
ESTATE	POLLO
FAME	INSALATE
FAMIGLIA	SALSA
FRUTTA	SALE
GRIGLIA	

61 - Anniversaire

```
S  T  E  M  P  O  D  Y  A  C  M  I  J  C
E  O  C  P  E  R  I  M  P  A  R  A  R  E
G  R  A  M  U  W  V  Q  W  L  N  K  K  L
I  T  W  G  X  O  E  M  I  E  J  N  W  E
O  A  S  S  E  B  R  P  W  N  Q  S  O  B
R  E  G  A  L  O  T  Z  N  D  K  P  Y  R
N  F  H  O  G  G  I  O  V  A  N  E  Z  A
O  C  Q  S  I  G  M  D  S  R  T  C  Q  Z
C  A  N  Z  O  N  E  C  X  I  E  I  G  I
A  N  Y  B  I  Q  N  Z  A  O  N  A  T  O
M  D  Y  L  O  W  T  O  Z  R  K  L  Z  N
I  E  P  A  S  H  O  X  Q  A  T  E  T  E
C  L  M  I  O  F  E  L  I  C  E  E  U  E
I  E  C  T  M  P  I  N  V  I  T  I  L  Z
```

AMICI	TORTA
DIVERTIMENTO	FELICE
ANNO	INVITI
PER IMPARARE	GIOVANE
CANDELE	GIORNO
REGALO	GIOIOSO
CALENDARIO	NATO
CARTE	SAGGEZZA
CANZONE	SPECIALE
CELEBRAZIONE	TEMPO

62 - Animaux de Compagnie

```
N  E  M  G  P  X  G  G  A  A  L  T  Z  H
R  N  P  U  U  O  D  A  S  R  A  A  W  F
R  A  A  A  C  G  A  T  R  T  Y  R  C  O
C  A  P  R  A  C  R  T  Q  I  G  T  O  D
U  K  P  O  D  C  A  O  W  G  W  A  N  S
C  S  A  P  I  A  R  C  G  L  P  R  I  M
C  X  G  E  X  X  H  I  I  D  U  G  P
I  K  A  S  T  O  P  O  C  B  N  G  L  A
O  F  L  C  O  L  L  A  R  E  O  A  I  C
L  C  L  E  Y  R  U  N  Q  E  T  X  O  Q
O  O  O  Q  G  A  T  T  I  N  O  O  Q  U
U  D  L  U  C  E  R  T  O  L  A  Z  M  A
C  A  N  E  G  U  I  N  Z  A  G  L  I  O
V  E  T  E  R  I  N  A  R  I  O  I  S  I
```

GATTO	CONIGLIO
GATTINO	LUCERTOLA
CAPRA	CIBO
CANE	PAPPAGALLO
CUCCIOLO	PESCE
COLLARE	CODA
ACQUA	TOPO
ARTIGLI	TARTARUGA
CRICETO	MUCCA
GUINZAGLIO	VETERINARIO

63 - Forêt Tropicale

```
P  C  A  M  N  A  T  U  R  A  D  S  R  Z
N  R  L  P  J  R  U  C  I  N  I  P  I  C
J  E  E  I  N  U  Q  C  F  R  V  E  S  A
I  S  G  S  M  Y  Z  E  U  W  E  C  P  D
R  T  C  F  E  A  A  L  G  M  R  I  E  I
I  A  M  B  Z  R  E  L  I  U  S  E  T  C
N  U  V  O  L  E  V  I  O  S  I  P  T  O
D  R  N  T  F  O  T  A  P  C  T  H  O  M
I  O  K  A  P  P  E  N  Z  H  À  R  O  U
G  I  U  N  G  L  A  F  L  I  S  S  S  N
E  H  L  I  Z  D  O  I  B  O  O  I  Q  I
N  L  F  C  R  H  M  B  H  M  C  N  C  T
O  Y  E  O  H  G  Y  I  M  R  E  I  E  À
J  P  S  M  A  M  M  I  F  E  R  I  M  Y
```

ANFIBI	MUSCHIO
BOTANICO	NATURA
CLIMA	NUVOLE
COMUNITÀ	UCCELLI
DIVERSITÀ	PRESERVAZIONE
SPECIE	RIFUGIO
INDIGENO	RISPETTO
GIUNGLA	RESTAURO
MAMMIFERI	

64 - Insectes

```
O Z C L A R V A O U C M C L
D H J O O I A D M L I O O I
A J H D L C I C A L A S C B
F P T P E E U L I T V C C E
I V E S P A O S F W E E I L
D N A K G F N T T Q R R N L
E Z U M R A F T T A M I E U
C A L A B R O N E E E N L L
X N S N S F R O R J R O L A
H Z T T J A M P M Z X O A P
T A E I K L I U I Y B P X H
C R N D E L C L T L S U J D
F A N E J A A C E I Y F R P
I C A V A L L E T T A T M R
```

APE   MOSCERINO
CICALA   ZANZARA
COCCINELLA   FARFALLA
LOCUSTA   PULCE
FORMICA   AFIDE
CALABRONE   CAVALLETTA
VESPA   COLEOTTERO
LARVA   TERMITE
LIBELLULA   VERME
MANTIDE

65 - Ferme #1

```
P Y M M Z A M O X N E Y E G
H Z N C E N M C N N B E K A
I T J Q W P B I S O N T E T
F E R T I L I Z Z A N T E T
E U K M H A B G R E G G E O
W M Y X N P R A N S O M S N
F I E N O E A S C A M P O P
C E P G W P D I A C Q U A O
A L C O R V O N K A C L N L
V E Q J Y I H O Q P L A T L
A G R I C O L T U R A H N O
L V I T E L L O S A K G F E
L R S R E C I N T O E D G J
O T O W M M U C C A Q H D U
```

APE	CORVO
AGRICOLTURA	ACQUA
ASINO	FERTILIZZANTE
BISONTE	FIENO
CAMPO	MIELE
GATTO	POLLO
CAVALLO	RISO
CAPRA	GREGGE
CANE	MUCCA
RECINTO	VITELLO

66 - Escalade

```
A G Y X G D K T U M A P P A L
L S U B W E S W U R L W S T
T S T I V A L I T C E S T M
I F J L D R B E F U S T R O
T I F F B E F U G R I A E S
U D I I L G O R F I O B T F
D E E S C U R S I O N I T E
I X L I E N Z O G S E L O R
N E C C S S A S T I H I R A
E H N O U E P M U T N T U S
C A S C O P G E W À A À F C
G U A N T I H T R Z K M B S
T E R R E N O C O T M R I S
F O R M A Z I O N E O O I K
```

ALTITUDINE	FORZA
ATMOSFERA	FORMAZIONE
LESIONE	GUANTI
STIVALI	GROTTA
MAPPA	GUIDE
CASCO	FISICO
CURIOSITÀ	ESCURSIONI
SFIDE	STABILITÀ
ESPERTO	TERRENO
STRETTO	

67 - École #2

```
L U M G I O C H I D C D B L
C E A T T I V I T À A I I I
A W T P D F D C S A L Z B B
R L E T L Z T O C U E I L R
T J M D E Y Y M R T N O I I
A P A I W R K P I O D N O I
L E T T U R A U T B A A T M
J E I K F Z G T T U R R E C
U O C M P O K E U S I I C J
L P A U O B R R R R O O A C
M A T I T A B B A J A H I Q
K A P P R E N D I M E N T O
K G R A M M A T I C A R W B
E D U C A Z I O N E I J P X
```

ATTIVITÀ
APPRENDIMENTO
BIBLIOTECA
AUTOBUS
CALENDARIO
FORBICI
MATITA
DIZIONARIO
SCRITTURA

EDUCAZIONE
GRAMMATICA
GIOCHI
LETTURA
LETTERATURA
LIBRI
MATEMATICA
COMPUTER
CARTA

68 - Antarctique

```
G K G B R Y R O C C I O S O
I E J M I G R A Z I O N E X
S M O P C O N T I N E N T E
O I R G E H U B G J B O Z E
L N P N R B S C C L A B F G
E E E W C A F O C E R U M H
S R M G A I F A E E H K D I
L A S X T A D I R A L R Y A
A L B J O M A F A R C L P C
F I D W R H J T Y C P Q I C
I I S P E D I Z I O N E U I
C O N S E R V A Z I O N E A
B A L E N E I D T L A S S I
T E M P E R A T U R A T U Y
```

BAIA
BALENE
RICERCATORE
CONSERVAZIONE
CONTINENTE
ACQUA
SPEDIZIONE
GEOGRAFIA

GHIACCIAI
ISOLE
MIGRAZIONE
MINERALI
UCCELLI
ROCCIOSO
TEMPERATURA

69 - Professions #2

```
G  G  I  A  R  D  I  N  I  E  R  E  I  E
I  I  Z  O  O  L  O  G  O  B  L  T  N  A
U  N  O  M  A  R  E  B  Q  I  H  Y  V  S
K  G  S  R  N  A  D  B  F  O  P  N  E  T
X  E  H  E  N  U  B  J  Z  L  I  X  N  R
H  G  T  H  G  A  P  I  L  O  T  A  T  O
P  N  U  K  Z  N  L  T  Q  G  T  O  O  N
M  E  D  I  C  O  A  I  I  O  O  Z  R  A
S  R  C  Z  B  H  S  N  S  P  R  Q  E  U
Q  E  R  G  Z  M  K  M  T  T  E  O  T  T
D  E  T  E  C  T  I  V  E  E  A  S  J  A
O  C  G  N  F  O  T  O  G  R  A  F  O  G
B  I  B  L  I  O  T  E  C  A  R  I  O  U
D  G  K  R  F  L  D  E  N  T  I  S  T  A
```

ASTRONAUTA	GIARDINIERE
BIBLIOTECARIO	GIORNALISTA
BIOLOGO	MEDICO
DENTISTA	PITTORE
DETECTIVE	FOTOGRAFO
INSEGNANTE	PILOTA
INGEGNERE	ZOOLOGO
INVENTORE	

70 - Les Abeilles

```
E  H  D  Q  R  J  X  L  W  X  S  S  A  Z
C  A  I  Q  Q  B  T  B  X  Z  C  F  L  A
O  B  V  Z  B  N  M  P  H  Y  I  E  V  C
S  I  E  W  G  F  U  M  O  R  A  W  E  I
I  T  R  Z  P  I  A  N  T  E  M  A  A  B
S  A  S  H  O  O  A  Q  T  W  E  L  R  O
T  T  I  B  L  R  F  R  U  T  T  A  E  U
E  A  T  Z  L  I  Y  E  D  N  C  T  D  D
M  L  À  S  I  Q  Z  G  M  I  E  L  E  L
A  R  B  E  N  E  F  I  C  O  N  S  U  E
L  R  F  M  E  I  W  N  M  A  Z  O  H  A
I  N  S  E  T  T  O  A  Q  O  K  L  W  B
F  I  O  R  I  R  E  R  B  I  C  E  R  A
A  W  X  A  A  M  T  O  K  R  L  L  A  H
```

ALI
BENEFICO
CERA
DIVERSITÀ
SCIAME
ECOSISTEMA
FIORIRE
FIORI
FRUTTA
FUMO

HABITAT
INSETTO
GIARDINO
MIELE
CIBO
PIANTE
POLLINE
REGINA
ALVEARE
SOLE

71 - Dinosaures

```
H  S  G  P  F  C  M  A  M  M  U  T  O  F
H  P  R  E  D  A  O  T  E  R  R  A  N  O
C  E  A  N  T  R  V  D  G  T  M  X  N  S
E  C  N  O  Y  N  I  Z  A  W  A  Z  I  S
V  I  D  R  C  I  Z  A  H  L  F  O  V  I
O  E  E  M  T  V  I  P  J  P  I  X  O  L
L  R  G  E  P  O  O  N  T  R  J  K  R  I
U  B  S  Z  O  R  S  F  U  A  C  G  O  Z
Z  I  M  E  T  O  O  S  S  P  G  K  M  Z
I  V  H  H  E  M  Q  Y  K  A  O  L  A  M
O  O  D  Z  N  I  N  D  D  C  F  K  I  H
N  R  E  T  T  I  L  E  H  E  E  S  R  A
E  O  P  R  E  I  S  T  O  R  I  C  O  C
X  S  C  O  M  P  A  R  S  A  X  B  A  Q
```

ALI	ONNIVORO
CARNIVORO	PREISTORICO
SCOMPARSA	PREDA
SPECIE	POTENTE
ENORME	CODA
EVOLUZIONE	RAPACE
FOSSILI	RETTILE
GRANDE	TAGLIA
ERBIVORO	TERRA
MAMMUT	VIZIOSO

72 - Conduite

```
Y  P  R  L  Z  J  L  T  H  Y  A  Y  N  N
M  O  T  O  G  X  B  I  E  M  U  E  P  R
G  L  I  U  A  V  A  B  C  N  T  J  E  X
A  I  M  T  S  U  E  M  W  E  O  S  D  T
R  Z  F  O  M  Z  E  L  C  B  N  D  O  U
A  I  R  S  T  C  S  Z  O  L  I  Z  N  N
G  A  E  F  C  O  B  O  C  C  T  L  A  N
E  Q  N  L  M  U  R  K  T  C  I  L  L  E
J  S  I  N  C  I  D  E  N  T  E  T  E  L
L  P  E  R  I  C  O  L  O  T  Y  H  À  M
G  J  Q  M  J  S  I  C  U  R  E  Z  Z  A
S  T  R  A  D  A  C  A  M  I  O  N  A  P
C  A  R  B  U  R  A  N  T  E  B  H  C  P
T  R  A  S  P  O  R  T  O  K  S  P  Q  A
```

INCIDENTE	MOTO
CAMION	PEDONALE
CARBURANTE	POLIZIA
MAPPA	STRADA
PERICOLO	SICUREZZA
FRENI	TRASPORTO
GARAGE	TUNNEL
GAS	VELOCITÀ
LICENZA	AUTO
MOTORE	

73 - Plantes

```
F C U L I J B U P G E M F I
D O E D E R A U P I W U R B
T X R S J P M F E A C S A Z
G Q B E P I B N T R A C W R
F G A G S U Ù L A D C H T Z
L A H A D T G F L I T I X X
O M G F T P A L O N U O O N
R A D I C E L I I O S P I H
A L P O O S K B B O O H O D
A B G R J L C R E S C E R E
X E W E L B O T A N I C A U
L R B A C C A C R R P G W X
F O G L I A M E T B K C Y L
F E R T I L I Z Z A N T E W
```

ALBERO
BACCA
BAMBÙ
BOTANICA
CESPUGLIO
CACTUS
FERTILIZZANTE
FOGLIAME
FIORE
FLORA

FORESTA
CRESCERE
FAGIOLO
ERBA
GIARDINO
EDERA
MUSCHIO
PETALO
RADICE

74 - Ferme #2

```
D A N I M A L I C F M A W I
E C Q H D G M X I I G G Z R
S M E B N N B T B E B R N R
L A T T E E D B O N A I W I
I C I E B L D D X I T C F G
C Y L E R L Y Y S L R O M A
X X L C P O A S P E A L A Z
A L V E A R E N L T T T I I
V E R D U R A I A D T O S O
P E C O R A P T U T O R K N
P A S T O R E A O N R E Q E
F R U T T A O R Z O E A G T
K Z G R A N O E L L A M A O
F U K F R U T T E T O T O E
```

AGNELLO
AGRICOLTORE
ANIMALI
PASTORE
GRANO
ANATRA
FRUTTA
FIENILE
IRRIGAZIONE
LATTE

LAMA
VERDURA
MAIS
PECORA
CIBO
ORZO
PRATO
ALVEARE
TRATTORE
FRUTTETO

75 - École #1

```
B R I P E R I M P A R A R E
I I M N P L B S B B N L K A
B S A N S Q U I Z W U B A W
L P T U S E C A R T E L L E
I O E M E M G U N O S S F O
O S M E D A D N S F A F A K
T T A R I R G A A K M W B W
E E T I A C T Z K N I O E B
C T I U W A Z G M A T I T A
A T C P F T A M I C I E O A
P R A N Z O K R C A X W X U
L I B R I R P P P R H L W L
O L U Y G I B Q L T L F Z A
S C R I V A N I A A C O W Q
```

ALFABETO
AMICI
PER IMPARARE
BIBLIOTECA
SCRIVANIA
SEDIA
MATITA
PRANZO
CARTELLE
INSEGNANTE

ESAMI
LIBRI
MARCATORI
MATEMATICA
NUMERI
CARTA
QUIZ
RISPOSTE
AULA

76 - Vacances #2

```
P R E N O T A Z I O N I S R
A T H B V E M D K T W G P I
S T E N D A S J X A S L I S
S H O T E L C X J X R A A T
A T N Q S M L A V I J B G O
P R C G T P A G N I Q J G R
O A A J I U G R K Z S B I A
R S M I N Y O R E C A T A N
T P P I A E R O P O R T O T
O O E S Z M A P P A R D F E
Y R G O I T R E N O O D R E
W T G L O S T R A N I E R O
Y O I A N J N V I A G G I O
E I O T E M P O L I B E R O
```

AEROPORTO
CAMPEGGIO
MAPPA
DESTINAZIONE
STRANIERO
HOTEL
ISOLA
TEMPO LIBERO
MARE
PASSAPORTO

SPIAGGIA
RISTORANTE
PRENOTAZIONI
TAXI
TENDA
TRENO
TRASPORTO
VACANZA
VISTO
VIAGGIO

77 - Temps

```
F C D O P O P R I M A M I L
U S A E X L Q I G A M E S E
T E P L C J T L N T I Z F P
U C R G E E B J X T N Z W W
R O E D A N N O L I U O J G
O L S I W O D N G N T G L I
O O T E Y T J A I A O I O O
G R O R I T R M R O L O R R
G X O I C E J T S I U R A N
I R O L P R I Z T R O N O O
T U A P O P F U D O N O L D
W T N P G G A N N U A L E Y
W S S E T T I M A N A H D P
C A Z H B C R O P Q Q C K A
```

ANNO	IERI
ANNUALE	OROLOGIO
DOPO	GIORNO
OGGI	MATTINA
PRIMA	MEZZOGIORNO
PRESTO	MINUTO
CALENDARIO	MESE
DECENNIO	NOTTE
FUTURO	SETTIMANA
ORA	SECOLO

78 - Maison

```
L P K N N Z C E B A D S W I
T A O Q O D H Z I T O C M S
R A M R A P I C B T C O H O
U C P P T S A U L I C P P F
T E R P A A V C I C I A P F
E G I Y E D I I O O A O E I
N Y I Z A T A N T J C B F T
D G T E T T O A E C R N I T
E A U A R W P B C A M I N O
O R Z K R C O P A R E T E R
C A M E R A I E L M N M S I
R G R U K A P R E C I N T O
A E S P E C C H I O L Z R E
G I A R D I N O G T P P A L
```

SCOPA
BIBLIOTECA
CAMERA
CAMINO
CHIAVI
RECINTO
CUCINA
DOCCIA
FINESTRA
GARAGE

ATTICO
GIARDINO
LAMPADA
SPECCHIO
PARETE
SOFFITTO
PORTA
TENDE
TAPPETO
TETTO

79 - Légumes

```
P C D Z I J F A R T K M P C
I A S E U I D U X U O Q R A
S R D N M C N U N F B X E R
E C I Z E S C L M G R H Z O
L I N E L I Z A E E O Q Z T
L O S R A P A S K S C C E A
O F A O N G W P P C C I M P
H O L J Z F H I S A O P O O
Z G A R A V A N E L L O L M
C Q T U N G L A D O O L O O
R T A O A D L C A G R L U D
M K O L I V A I N N F A P O
C E T R I O L O O O G C I R
Y T Y Y K S P F F D H A H O
```

AGLIO
CARCIOFO
MELANZANA
BROCCOLO
CAROTA
SEDANO
FUNGO
ZUCCA
CETRIOLO
SCALOGNO

SPINACI
ZENZERO
RAPA
CIPOLLA
OLIVA
PREZZEMOLO
PISELLO
RAVANELLO
INSALATA
POMODORO

80 - Plage

```
S A N D A L I N O D T A O S
M S A B B I A U Q K I M M C
O C E A N O T O J T Q I B O
Q I S W C K S T R X F B R G
T U M O A X O A R U X D E L
F G M W L M L R F I I O L I
G A T P K E Z E H Z B C L E
B M M L F C T I X C A K O R
A A E A S G R A N C H I O A
R N F G R W K C C I S O L A
C O I U L E B D B O P Q Y W
A Q Z N P T J E L O S U Q E
V A C A N Z A L U U G T I M
B A R C A A V E L A G D A W
```

BARCA
BLU
COSTA
GRANCHIO
DOCK
ISOLA
LAGUNA
MARE
NUOTARE

OCEANO
OMBRELLO
SCOGLIERA
SABBIA
SANDALI
ASCIUGAMANO
SOLE
VACANZA
BARCA A VELA

81 - Vacances #1

```
E  R  I  L  A  S  S  A  M  E  N  T  O  J
S  N  A  E  F  L  D  W  U  R  L  T  B  B
P  A  R  T  E  N  Z  A  S  A  G  A  F  W
E  E  Q  N  F  U  Q  N  E  Z  Q  P  G  W
D  R  L  P  I  O  F  D  O  G  A  N  A  O
I  E  T  E  U  T  I  A  T  R  A  M  Y  D
Z  O  Z  T  S  A  N  R  P  K  F  Q  H  R
I  R  A  V  P  R  Q  E  B  N  O  L  W  G
O  W  I  A  X  E  B  V  A  L  U  T  A  B
N  P  N  L  I  T  I  N  E  R  A  R  I  O
E  A  O  I  F  S  R  B  Q  C  N  H  K  L
E  P  D  G  B  T  U  R  I  S  M  O  S  A
A  X  B  I  G  L  I  E  T  T  O  S  K  F
D  Z  U  A  U  T  O  M  B  R  E  L  L  O
```

ANDARE	MUSEO
AEREO	NUOTARE
BIGLIETTO	OMBRELLO
VALUTA	RILASSAMENTO
PARTENZA	ZAINO
DOGANA	TURISMO
SPEDIZIONE	TRAM
ITINERARIO	VALIGIA
LAGO	AUTO

82 - Famille

```
F F D P A T E R N O H E Y I
T I F M A R I T O U Q T U N
M O G C S D M A N U S B O F
N M Y L L B R I N F U A N A
F O K N I M F E A B M M O N
F G N X S A R S P A N B A Z
I L S N D D A G Y M I I N I
Z I N C O R T M Z B P N T A
W E Z I A E E A W I O I E K
C U G I N O L T N N T R N B
O M Z G F D L E L O E E A H
A Z X Z Y S O R E L L A T O
R I L S W W Y N T T T A O W
G O W G J N W O R T N W H O
```

ANTENATO	MARITO
CUGINO	MATERNO
INFANZIA	MADRE
BAMBINO	NIPOTE
BAMBINI	ZIO
MOGLIE	PATERNO
FIGLIA	PADRE
FRATELLO	SORELLA
NONNA	ZIA
NONNO	

83 - Oiseaux

```
P E Y P E W G K U N R Q F A
I B R A E K J X O T W F E Q
N G P P P L R D V W Y Z N U
G A A P K W L G O R F G I I
U B V A C C A I R O N E C L
I B O G A U I X C I G N O A
N I N A L C X C T A F T T N
O A E L P U L U O Q N C T A
T N T L A L Q W O G U O E T
U O R O S O K B L C N C R R
C X C A S T R U Z Z O A O A
A M O A E P I C C I O N E N
N N W W R P O L L O N H T F
O B D C O L O M B A O X F E
```

AQUILA
STRUZZO
ANATRA
CICOGNA
COLOMBA
CUCULO
CIGNO
FENICOTTERO
AIRONE
PINGUINO

PASSERO
GABBIANO
UOVO
OCA
PAVONE
PAPPAGALLO
PELLICANO
PICCIONE
POLLO
TUCANO

84 - Disciplines Scientifiques

```
P  C  B  E  K  A  N  A  T  O  M  I  A  M
S  H  I  G  M  G  F  R  E  S  L  E  I  E
I  I  O  E  I  A  Y  C  R  L  I  C  U  T
C  M  C  O  N  S  F  H  M  Y  N  O  E  E
O  I  H  L  E  T  C  E  O  Y  G  L  F  O
L  C  I  O  R  R  M  O  D  B  U  O  I  R
O  A  M  G  A  O  E  L  I  I  I  G  S  O
G  K  I  I  L  N  C  O  N  O  S  I  I  L
I  Y  C  A  O  O  C  G  A  L  T  A  O  O
A  X  A  L  G  M  A  I  M  O  I  D  L  G
P  E  K  T  I  I  N  A  I  G  C  D  O  I
G  X  O  K  A  A  I  J  C  I  A  Z  G  A
B  O  T  A  N  I  C  A  A  A  D  C  I  P
B  M  T  F  R  G  A  U  L  N  N  C  A  T
```

ANATOMIA	GEOLOGIA
ARCHEOLOGIA	LINGUISTICA
ASTRONOMIA	MECCANICA
BIOCHIMICA	METEOROLOGIA
BIOLOGIA	MINERALOGIA
BOTANICA	FISIOLOGIA
CHIMICA	PSICOLOGIA
ECOLOGIA	TERMODINAMICA

85 - Émotions

```
S Y X G R A T O J F W O Z A
C O N T E N U T O X J D T M
Y J R N S N O I A P A C E O
H P D P A X T G C S A A N R
Y Q K M R I L I E V O U E E
M M Q B A E G O L K M Z R C
Y G M X B M S I M E W I E A
I U H X B C K A P H Z X Z L
S O D D I S F A T T O Z Z M
D I M B A R A Z Z A T O A A
E C C I T A T O U P Q X Q B
T R A N Q U I L L I T À W F
C G Y W R I L A S S A T O P
S I M P A T I A I D Q U G A
```

AMORE
CALMA
RABBIA
CONTENUTO
RILASSATO
IMBARAZZATO
NOIA
ECCITATO
GENTILEZZA
GIOIA

PACE
PAURA
GRATO
RILIEVO
SODDISFATTO
SORPRESA
SIMPATIA
TENEREZZA
TRANQUILLITÀ

86 - Géographie

```
F F M G K O L G L A P M E H
O I E P B Q C B Q L A A S I
S U R E G I O N E T E P T E
K M I M B O N D H I S P M R
E E D L F C T O J T E A Q R
J M I A H E I J R U S L H I
M I A T L A N T E D Y N Y Z
O S N I X N E R C I S O L A
N F O T C O N M K N S Q X W
T E V U I G T A G E U M S S
A R E D T E E M O N D O M B
G O S I T G Q P Z Y N X A T
N O T N À A O C Z L M K R Q
A U T E R R I T O R I O E X
```

ALTITUDINE	MONDO
ATLANTE	MONTAGNA
MAPPA	NORD
CONTINENTE	OCEANO
FIUME	OVEST
EMISFERO	PAESE
ISOLA	REGIONE
LATITUDINE	SUD
MARE	TERRITORIO
MERIDIANO	CITTÀ

87 - Danse

```
E C P D G M U S I C A O M H
S O O R I C O R P O Y L O Z
P M S H O H V P I Y B E V C
R P T L I E I C R T B E I O
E A U Z O M S L W O M T M R
S G R G S O I A H U V O E E
S N A R O Z V S U H Q A N O
I O I A B I O S H W E G T G
V T T Z N O Q I A J Z I O R
O E R I G N A C U L T U R A
W G X A W E U O D F T T A F
C U L T U R A L E I D O R I
A C C A D E M I A S K C T A
T R A D I Z I O N A L E E I
```

ACCADEMIA
ARTE
COREOGRAFIA
CLASSICO
CORPO
CULTURA
CULTURALE
ESPRESSIVO
EMOZIONE
GRAZIA

GIOIOSO
MOVIMENTO
MUSICA
COMPAGNO
POSTURA
PROVA
RITMO
SALTO
TRADIZIONALE
VISIVO

88 - Bâtiments

```
A L A B O R A T O R I O X C
M M S U P E R M E R C A T O
U H B U N I V E R S I T À F
S N C A B I N A S R W B C S
E I O S S E R V A T O R I O
O O X H T C H O T E L L I S
S T A D I O I P A S W T H P
F A P P A R T A M E N T O E
G I C I N E M A T K T O S D
I A E Z G H N P E A E R C A
M W R N Y Q S I A S N R U L
E K Z A I S N I T C D E O E
N K Q X G L B E R F A L L T
L X T A W E E O O T I O A G
```

AMBASCIATA
APPARTAMENTO
CABINA
CINEMA
SCUOLA
GARAGE
FIENILE
OSPEDALE
HOTEL

LABORATORIO
MUSEO
OSSERVATORIO
STADIO
SUPERMERCATO
TENDA
TEATRO
TORRE
UNIVERSITÀ

89 - Pêche

```
W U E K X L P K Q N H O F B
G X W S X M A S C E L L A A
O K W F A I Z F E F A I R R
B C W D Q G I L S J G C W C
X R E G D S E F T B O L B A
N D A A Y D N R O E S C A O
C H E N N U Z J A P E S O G
A P A C C O A R D Z F B N B
C X G I K H G D R F I U M E
Q P G O U L I P J I L O E R
U T S E P P N E W B O J N Y
A A T T R E Z Z A T U R A E
S P I A G G I A P C L C H G
K C C U C I N A R E A Y M Q
```

ESCA
BARCA
BRANCHIE
GANCIO
CUCINARE
ACQUA
ESAGERAZIONE
ATTREZZATURA
FILO

FIUME
LAGO
MASCELLA
OCEANO
CESTO
PAZIENZA
SPIAGGIA
PESO

90 - Activités et Loisirs

```
B  M  B  O  X  E  W  D  K  H  G  P  R  A
C  C  A  M  P  E  G  G  I  O  O  A  I  R
D  L  S  Y  I  C  G  T  X  B  L  L  L  T
U  M  E  N  T  M  K  N  P  B  F  L  A  E
Q  I  B  K  T  P  M  D  Y  Y  Y  A  S  H
N  L  A  O  U  S  X  E  K  U  C  V  S  T
Z  O  L  L  R  C  H  S  R  M  T  O  A  E
C  T  L  R  A  T  D  O  F  S  Z  L  N  N
V  I  A  G  G  I  O  P  P  N  I  O  T  N
P  E  S  C  A  S  U  R  F  P  U  O  E  I
N  P  T  C  A  L  C  I  O  P  I  O  N  S
Q  D  Q  W  B  A  S  K  E  T  N  N  T  E
E  S  C  U  R  S  I  O  N  I  U  Y  G  O
G  I  A  R  D  I  N  A  G  G  I  O  D  I
```

SHOPPING	HOBBY
ARTE	PITTURA
BASEBALL	PESCA
BASKET	IMMERSIONE
BOXE	ESCURSIONI
CAMPEGGIO	RILASSANTE
CALCIO	SURF
GOLF	TENNIS
GIARDINAGGIO	PALLAVOLO
NUOTO	VIAGGIO

91 - Livres

```
R  I  L  E  V  A  N  T  E  L  U  K  H  L
E  P  I  C  O  F  L  C  Y  F  M  O  Y  E
R  D  C  O  N  T  E  S  T  O  O  M  L  T
H  U  D  S  Z  F  P  Y  S  E  R  I  E  T
P  A  B  N  H  I  P  S  C  R  I  T  T  O
A  L  N  T  R  A  G  I  C  O  S  L  T  R
G  I  A  U  T  O  R  E  M  X  T  Y  E  E
I  T  R  S  C  M  D  O  L  C  I  Z  R  N
N  À  R  D  T  U  I  H  M  T  C  T  A  R
A  G  A  S  T  O  R  I  A  A  O  O  R  Z
K  Y  T  S  Z  C  R  U  I  H  N  H  I  X
K  C  O  L  L  E  Z  I  O  N  E  Z  O  B
R  O  R  E  E  W  H  C  C  O  Y  T  O  I
I  T  E  P  O  E  S  I  A  O  K  J  S  X
```

AUTORE
COLLEZIONE
CONTESTO
DUALITÀ
SCRITTO
EPICO
STORIA
STORICO
UMORISTICO

LETTORE
LETTERARIO
NARRATORE
PAGINA
RILEVANTE
POESIA
ROMANZO
SERIE
TRAGICO

92 - Pays #2

```
M H Z C B D L M R F S U Z W
O Q L I B A N O E U S O J W
G T M N H A I T I S S T F I
E S Q A S U D A N Z S S S X
L A O S L K Q L G S O I I N
U J R X G C E T R I M A C A
I R L A N D A N S R A B F O
F R A N C I A F Y I L F P A
T E T G W G I A M A I C A L
P A K I S T A N E R A Z P B
C S Q M J D A N I M A R C A
P D I N D O N E S I A D T N
G I A P P O N E D Y U G I I
W Q I U B U G A N D A Z Z A
```

ALBANIA
CINA
DANIMARCA
FRANCIA
HAITI
INDONESIA
IRLANDA
GIAMAICA
GIAPPONE
KENYA

LAOS
LIBANO
MESSICO
UGANDA
PAKISTAN
RUSSIA
SOMALIA
SUDAN
SIRIA

93 - Fournitures d'Art

```
A  P  O  G  O  G  B  Y  I  L  W  E  N  M
C  C  A  R  B  O  N  E  D  D  W  Z  C  Q
A  A  R  N  L  M  Y  Y  R  M  E  Y  G  G
R  V  C  I  Y  M  C  O  L  L  A  E  M  T
T  A  R  N  L  A  S  P  A  Z  Z  O  L  E
A  L  E  C  N  I  F  E  M  A  T  I  T  E
A  L  A  H  P  S  C  E  D  I  R  D  S  P
R  E  T  I  A  D  J  O  L  I  O  K  F  U
G  T  I  O  S  A  C  Q  U  A  A  T  W  C
I  T  V  S  T  E  L  E  C  A  M  E  R  A
L  O  I  T  E  T  A  V  O  L  O  H  F  P
L  S  T  R  L  N  Y  S  X  C  B  A  N  W
A  A  À  O  L  X  B  N  D  L  K  Q  N  S
W  S  J  X  I  B  I  I  C  O  L  O  R  I
```

ACRILICO   CREATIVITÀ
ARGILLA   ACQUA
SPAZZOLE   INCHIOSTRO
TELECAMERA   GOMMA
SEDIA   OLIO
CARBONE   IDEE
CAVALLETTO   CARTA
COLLA   PASTELLI
COLORI   TAVOLO
MATITE

94 - Jouets

```
S C A C C H I P A L L A A H
Z L P R E F E R I T O D R B
K L N L T A N Y K A B K G A
L G B I C I C L E T T A I M
S X H B Q Q G I O C H I L B
L I O R P K K I O R L L L O
A Q U I L O N E A G L Y A L
M W L P A E R E O N C P U A
F T J S U W L C G T A I I S
B A R C A Z A I X U M T Q M
R C O E G A Z H I H I Q O L
D S B K N U Z L K R O P K E
R Z O H M O Q V E R N I C I
B A T T E R I A A U T O F B
```

ARGILLA

ARTIGIANATO

AEREO

PALLA

BARCA

CAMION

AQUILONE

SCACCHI

PREFERITO

GIOCHI

LIBRI

VERNICI

BAMBOLA

PUZZLE

ROBOT

BATTERIA

TRENO

BICICLETTA

AUTO

95 - Eau

```
I  C  A  N  A  L  E  D  P  N  W  M  J  I
F  R  R  G  V  A  P  O  R  E  W  P  N  A
I  I  R  H  H  R  C  U  D  V  E  J  E  A
A  N  U  I  Y  I  A  A  Q  E  L  Q  V  W
H  M  K  M  G  U  A  D  O  C  C  I  A  U
L  A  G  O  E  A  M  C  M  Z  Y  G  P  M
U  G  X  R  L  M  Z  P  C  B  C  E  O  I
M  O  N  S  O  N  E  I  X  I  Z  Y  R  D
I  N  Y  D  B  Q  Y  O  O  C  O  S  A  O
D  D  S  F  U  R  A  G  A  N  O  E  Z  G
I  E  W  I  O  W  C  G  B  U  E  R  I  N
T  O  C  E  A  N  O  I  W  H  E  M  O  N
À  N  P  U  P  O  T  A  B  I  L  E  N  F
A  L  L  U  V  I  O  N  E  E  R  O  E  K
```

CANALE	IRRIGAZIONE
DOCCIA	LAGO
EVAPORAZIONE	MONSONE
FIUME	NEVE
GELO	OCEANO
GEYSER	URAGANO
GHIACCIO	PIOGGIA
UMIDO	POTABILE
UMIDITÀ	ONDE
ALLUVIONE	VAPORE

96 - Paysages

```
C F V R D W B P Q P T K A I
C A I A A R A Q D E U R M C
O O D U L J H W E N N E Q E
N O Y T M L W F S I D B E B
H W W J R E E Q E S R J T E
G E Y S E R R M R O A M H R
S P I A G G I A T L J O X G
C A S C A T A R O A C L W L
H L I S O L A E G R O T T A
B U M O N T A G N A L R T Q
Z D O A S I R G G T L G Y T
F E S T U A R I O A I R E F
G H I A C C I A I O N B T Q
V U L C A N O U F N A H L G
```

CASCATA	LAGO
COLLINA	PALUDE
DESERTO	MARE
ESTUARIO	MONTAGNA
FIUME	OASI
GEYSER	PENISOLA
GHIACCIAIO	SPIAGGIA
GROTTA	TUNDRA
ICEBERG	VALLE
ISOLA	VULCANO

97 - Nombres

```
M M R Z Y P D B S E I V B M
E U I M P W H P D E L E O G
O I R Y G Q X Z I O T N R D
K N O V E Y T H C T D T I D
Q U A T T O R D I C I I E U
Q E H R T D Q I A S C T C E
T Z C E D O U E N Q I R D I
C L I H L D A C N U A E E W
N F K T A H T I O I S D C S
D I C I O T T O V N S I I E
S E U E O U R Z E D E C M D
C I N Q U E O E L I T I A I
F A D M Y J Q R X C T F L C
B G S P O C Z O F I E X E I
```

CINQUE	QUATTORDICI
DUE	QUATTRO
DECIMALE	QUINDICI
DIECI	SEDICI
DICIOTTO	SETTE
DICIANNOVE	SEI
DICIASSETTE	TREDICI
DODICI	TRE
OTTO	VENTI
NOVE	ZERO

98 - Nature

```
P  B  T  B  L  D  E  S  E  R  T  O  Z  G
S  E  R  E  N  O  I  K  F  X  O  O  U  H
R  L  E  I  R  G  X  N  E  B  B  I  A  I
I  L  M  T  E  O  F  F  A  X  X  I  H  A
F  E  X  N  Y  L  S  I  T  M  F  G  U  C
U  Z  S  Z  R  T  Q  I  R  M  I  E  I  C
G  Z  N  C  A  D  C  F  O  I  U  C  L  I
I  A  N  I  M  A  L  I  P  N  M  F  O  A
O  P  V  I  T  A  L  E  I  A  E  O  N  I
Q  I  X  G  K  Z  E  I  C  R  L  R  U  O
M  O  N  T  A  G  N  E  A  T  R  E  V  W
F  O  G  L  I  A  M  E  L  I  C  S  O  H
I  Q  O  B  T  U  I  F  E  C  J  T  L  E
S  E  L  V  A  G  G  I  O  O  Y  A  E  W
```

API	FIUME
RIFUGIO	FORESTA
ANIMALI	GHIACCIAIO
ARTICO	MONTAGNE
BELLEZZA	NUVOLE
NEBBIA	SELVAGGIO
DESERTO	SERENO
DINAMICO	TROPICALE
EROSIONE	VITALE
FOGLIAME	

99 - Bateaux

```
B A R C A A V E L A R Q F E
E N Q W E G G R O O Q X T Q
G N T F I U M E P L L T I U
M P Z K R O Z A T T E R A I
O C E A N O N G R J Q A L P
T O O Y A Y E D O E A G B A
O R B A U A I X E J A H E G
R D I K T C I J A Q F E R G
E A Y J I H A B A T A T O I
D B Q O C T M H O Q X T D O
M A R E O F A H C A N O A E
G M A R I N A I O W T A O H
K A A N C O R A R P G O M D
J M D L O L A G O E U N H O
```

ANCORA
BOA
CANOA
CORDA
EQUIPAGGIO
TRAGHETTO
FIUME
KAYAK
LAGO
MAREA

MARINAIO
ALBERO
MARE
MOTORE
NAUTICO
OCEANO
ZATTERA
ONDE
BARCA A VELA
YACHT

100 - Mesures

```
L  D  E  C  I  M  A  L  E  Q  T  W  P  V
A  M  Y  H  F  I  E  U  Q  D  P  S  R  O
R  U  D  I  M  N  F  N  D  O  I  P  O  L
G  P  O  L  A  U  H  G  T  T  C  S  F  U
H  Z  N  O  S  T  M  H  U  O  E  H  O  M
E  R  Q  G  S  O  U  E  Z  N  N  R  N  E
Z  R  Z  R  A  N  P  Z  Q  N  T  C  D  G
Z  N  G  A  B  C  A  Z  U  E  I  W  I  I
A  J  Z  M  A  J  E  A  W  L  M  M  T  A
G  R  A  M  M  O  N  N  Y  L  E  E  À  B
P  R  P  O  L  L  I  C  E  A  T  T  L  Y
L  E  A  L  I  T  R  O  B  T  R  R  J  T
I  U  S  D  S  S  S  I  E  A  O  O  C  E
G  I  I  O  O  A  L  T  E  Z  Z  A  M  Q
```

CENTIMETRO	METRO
GRADO	MINUTO
DECIMALE	BYTE
GRAMMO	ONCIA
ALTEZZA	PESO
CHILOGRAMMO	POLLICE
LARGHEZZA	PROFONDITÀ
LITRO	TONNELLATA
LUNGHEZZA	VOLUME
MASSA	

1 - Été

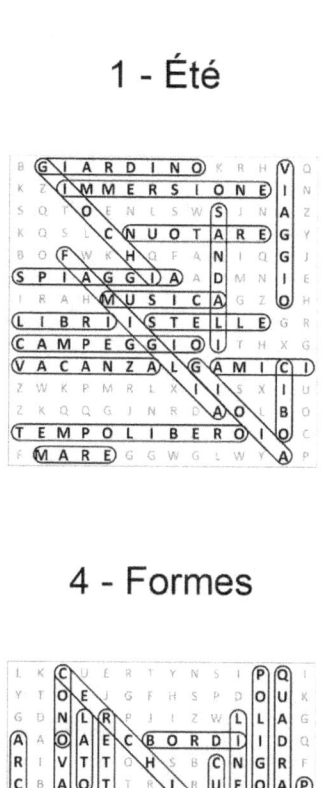

2 - Adjectifs #2

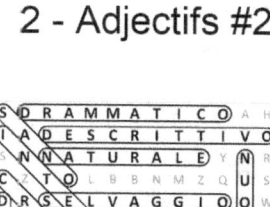
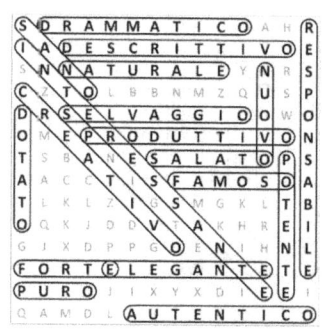

3 - Exploration

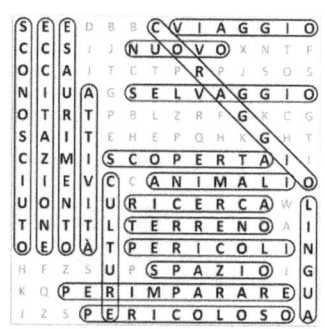

4 - Formes

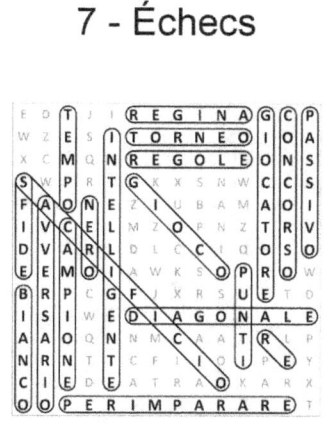

5 - Adjectifs #1

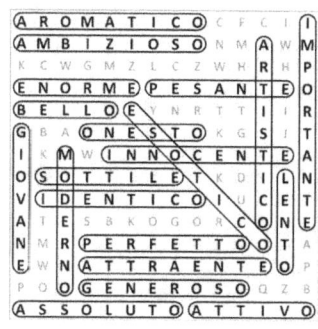

6 - Instruments de Musique

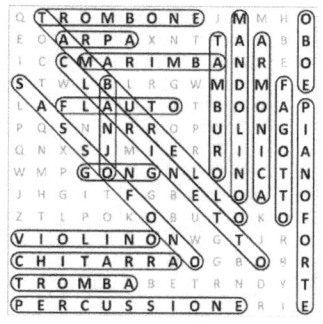

7 - Échecs

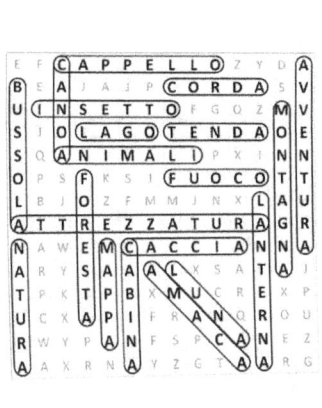

8 - Herboristerie

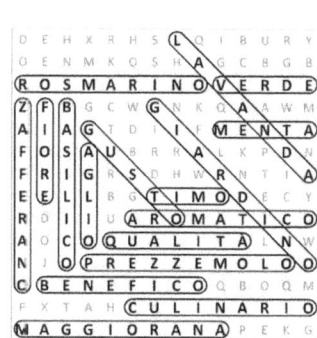

9 - Véhicules

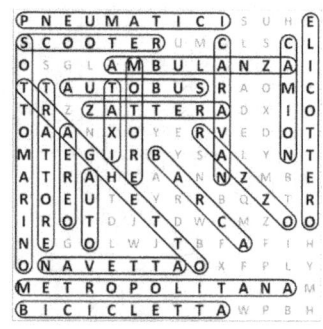

10 - Camping

11 - Conservation

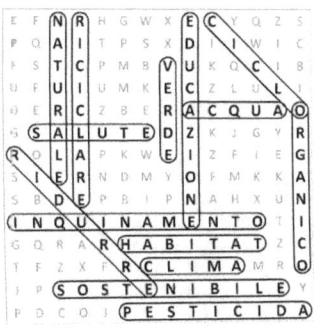

12 - Écologie

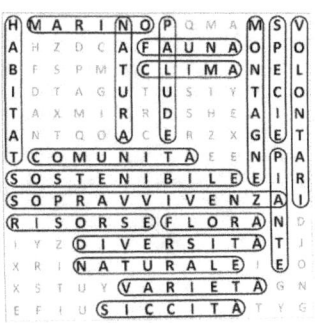

13 - Astronomie

14 - Types de Cheveux

15 - Restaurant #1

16 - Mammifères

17 - Sports

18 - Chocolat

19 - Mathématiques

20 - Mythologie

21 - Restaurant #2

22 - Couleurs

23 - Avions

24 - Aventure

25 - Ville

26 - Cuisine

27 - Corps Humain

28 - Épices

29 - Science

30 - Chats

31 - Vêtements

32 - Arts Visuels

33 - Méditation

34 - Littérature

35 - Nourriture #1

36 - Jours et Mois

37 - Championnat

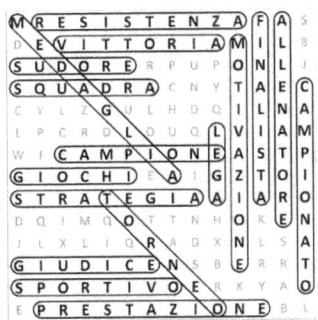

38 - Pirates

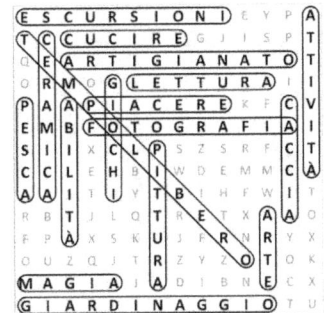

39 - Activités

40 - Fleurs

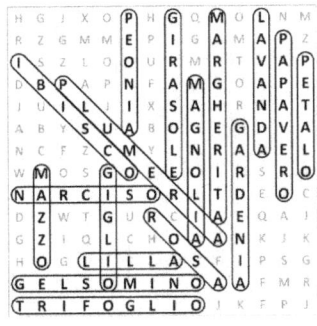

41 - Nourriture #2

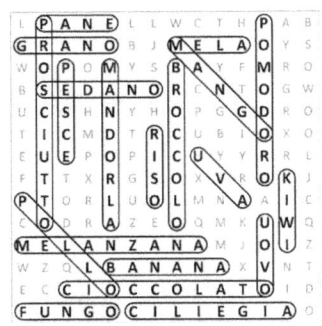

42 - Océan

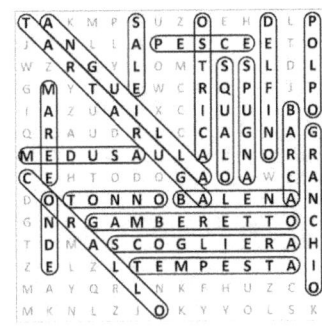

43 - Remplir

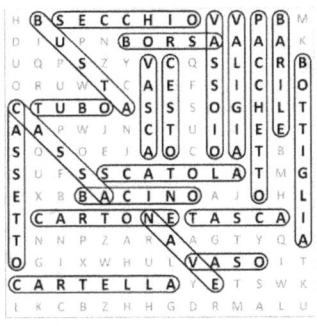

44 - Ballet

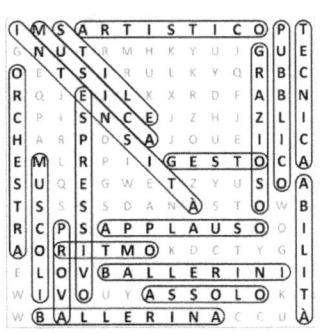

45 - Fruit

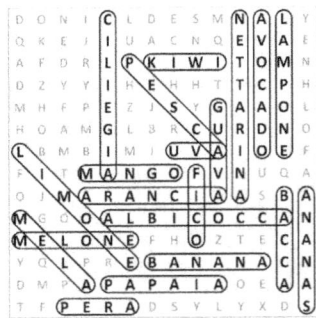

46 - Surf

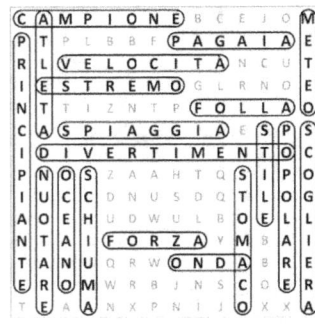

47 - Technologie

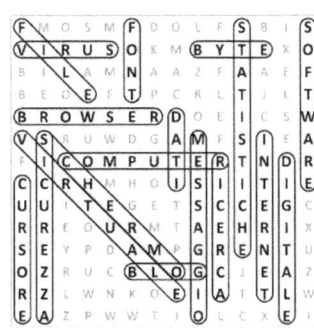

48 - Météo

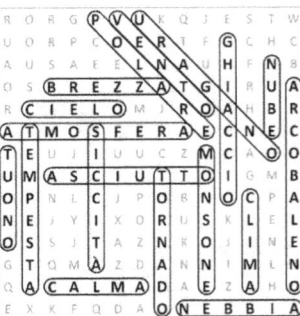

49 - Châteaux

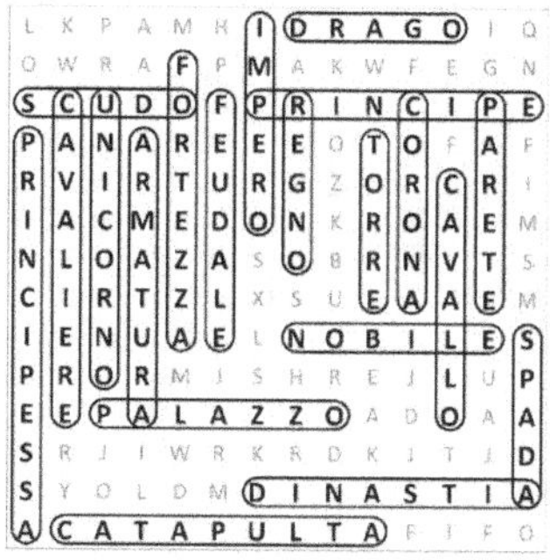

50 - Randonnée

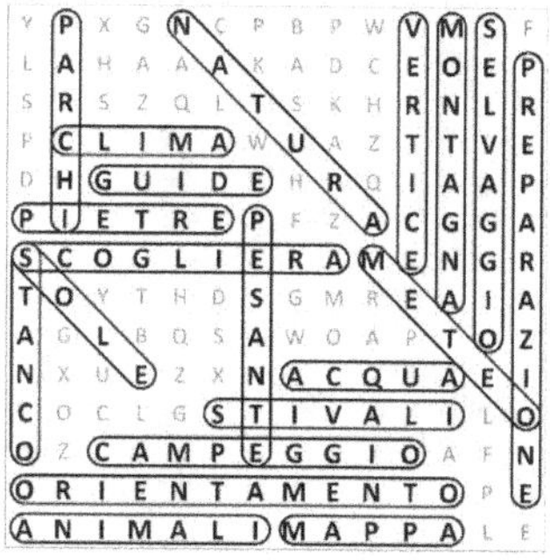

51 - Meubles

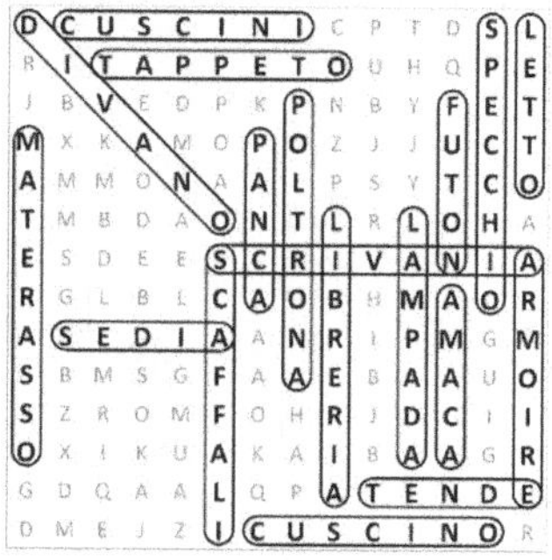

52 - Art

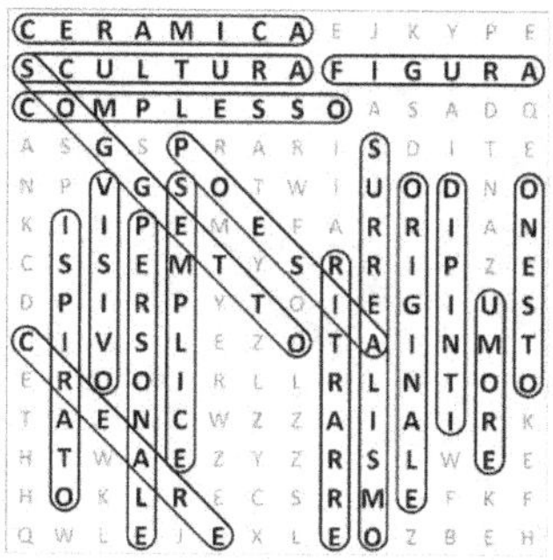

53 - Nutrition

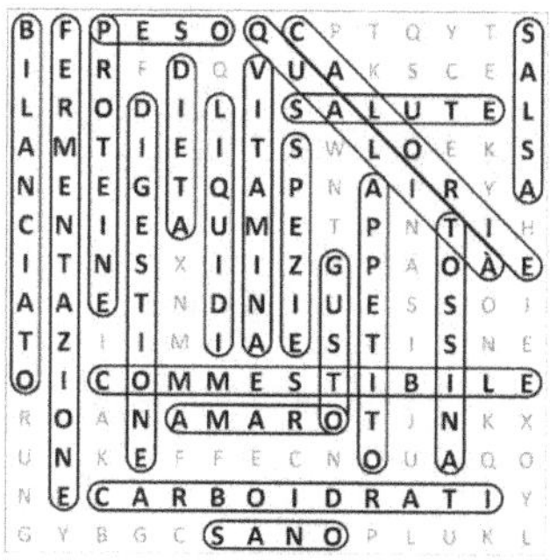

54 - Science Fiction

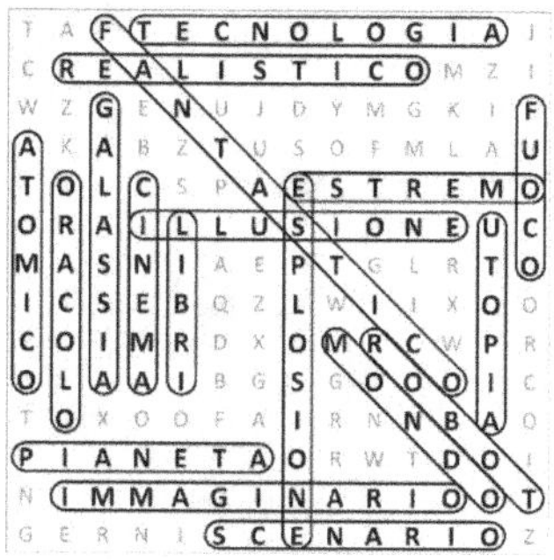

55 - Vertus #1

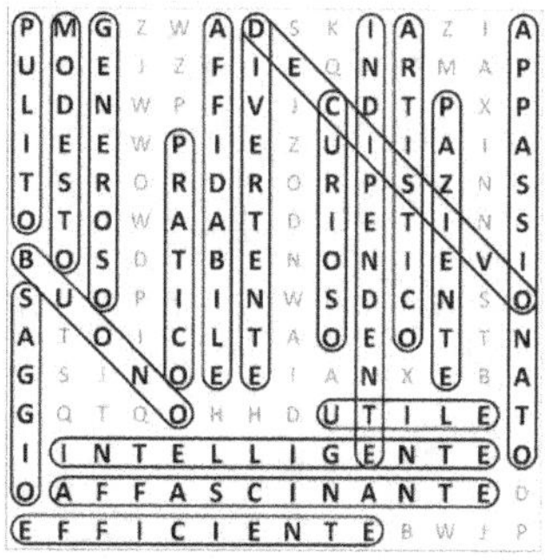

56 - Professions #1

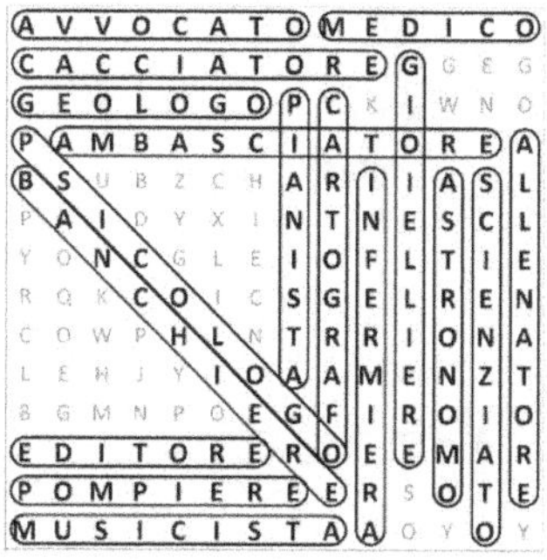

57 - Géologie

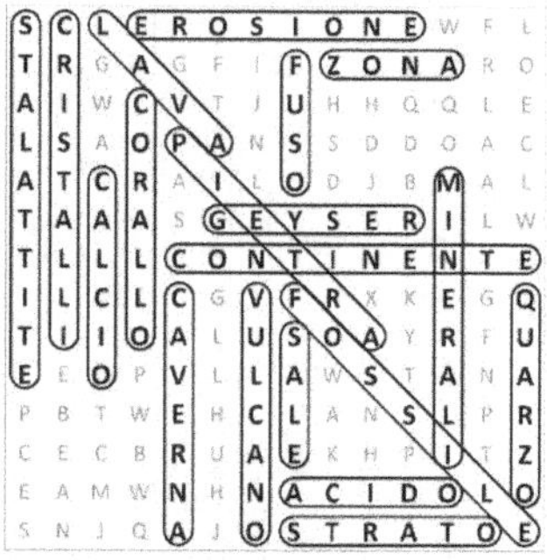

58 - Cirque

59 - Jardin

60 - Barbecues

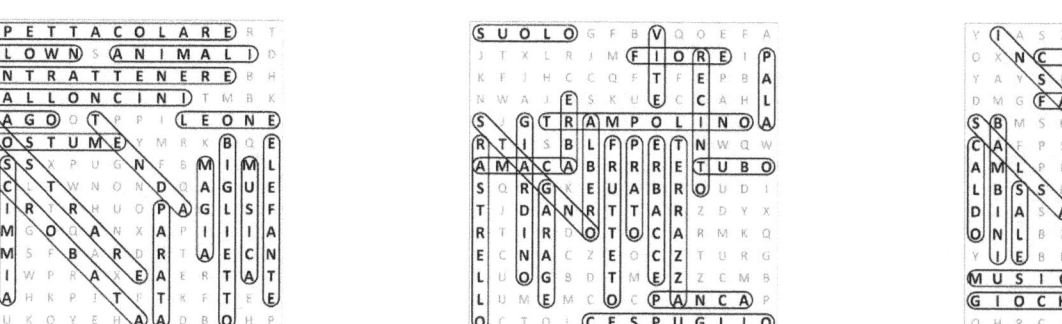

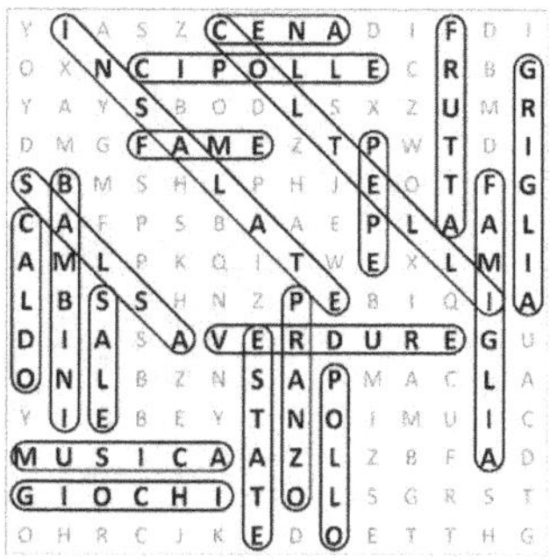

61 - Anniversaire

62 - Animaux de Compagnie

63 - Forêt Tropicale

64 - Insectes

65 - Ferme #1

66 - Escalade

67 - École #2

68 - Antarctique

69 - Professions #2

70 - Les Abeilles

71 - Dinosaures

72 - Conduite

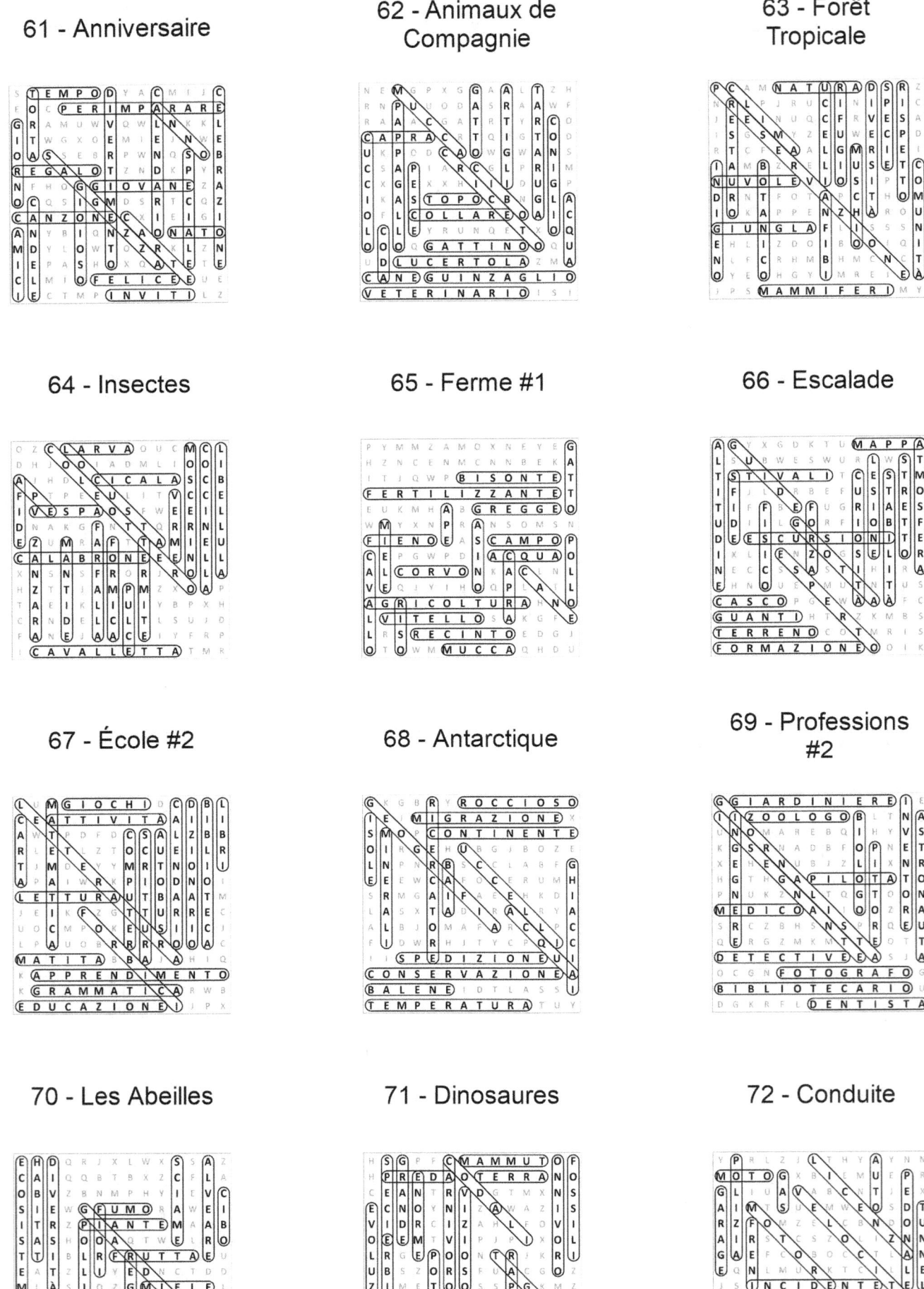

73 - Plantes

74 - Ferme #2

75 - École #1

76 - Vacances #2

77 - Temps

78 - Maison

79 - Légumes

80 - Plage

81 - Vacances #1

82 - Famille

83 - Oiseaux

84 - Disciplines Scientifiques

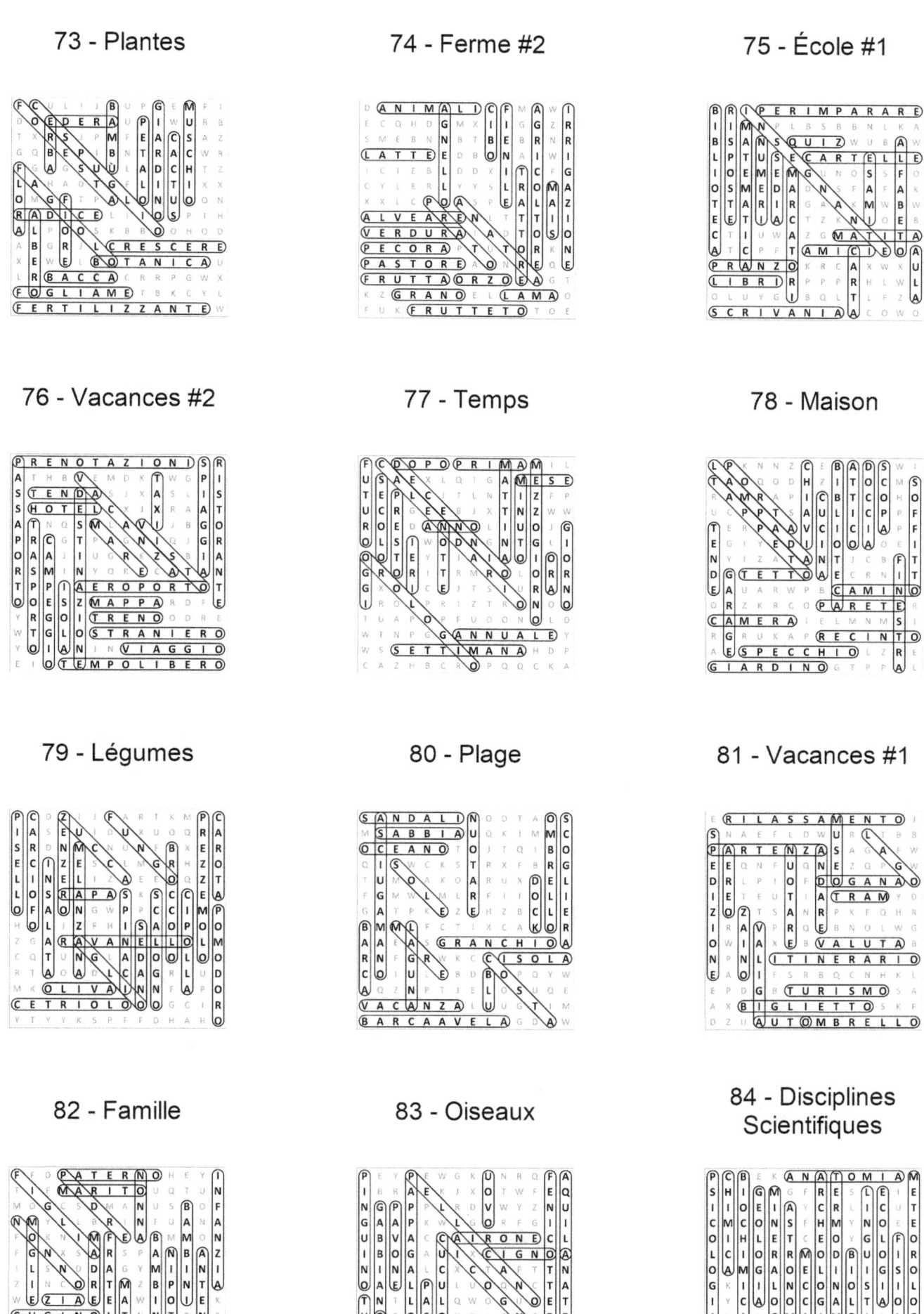

85 - Émotions

86 - Géographie

87 - Danse

88 - Bâtiments

89 - Pêche

90 - Activités et Loisirs

91 - Livres

92 - Pays #2

93 - Fournitures d'Art

94 - Jouets

95 - Eau

96 - Paysages

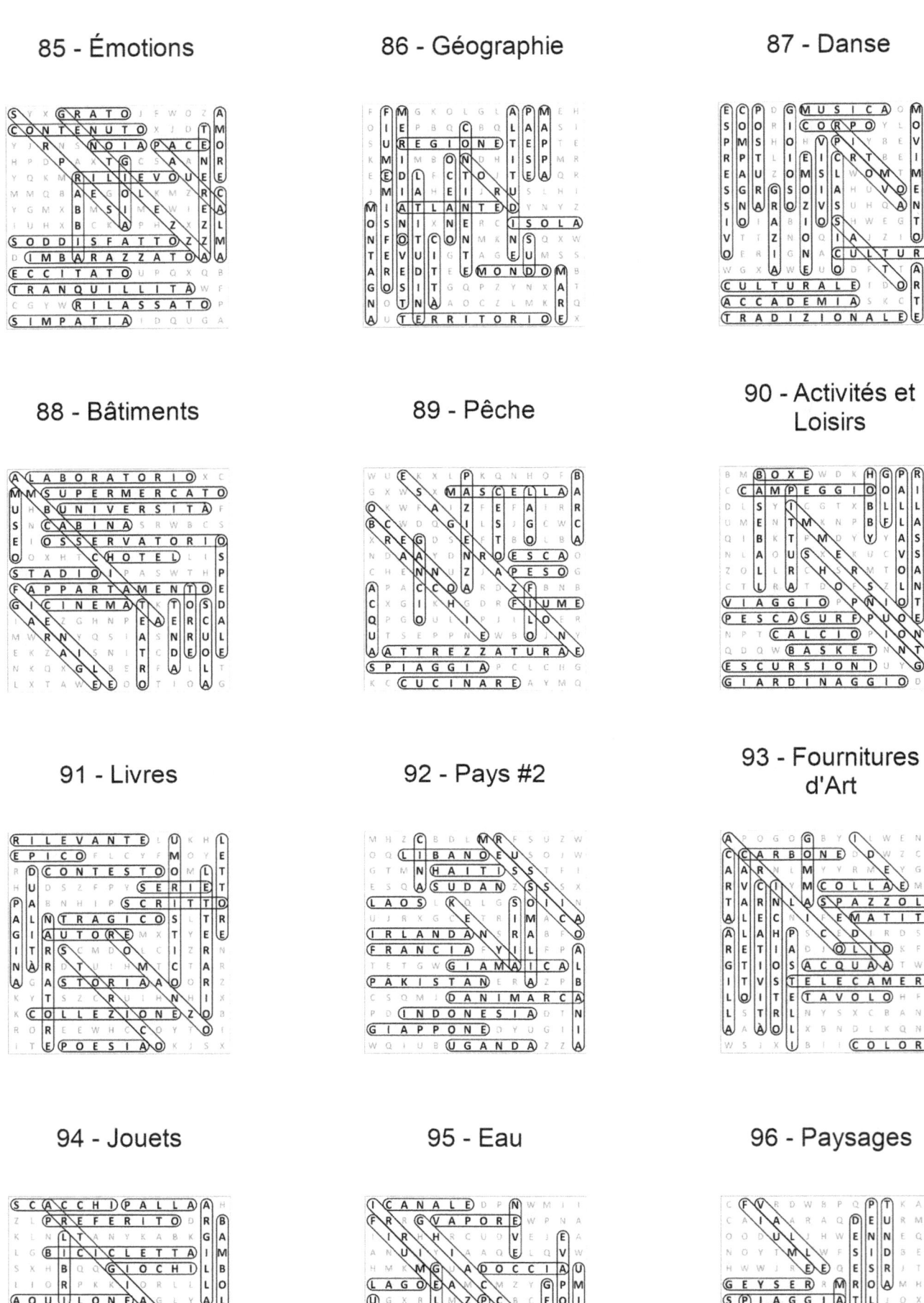

97 - Nombres

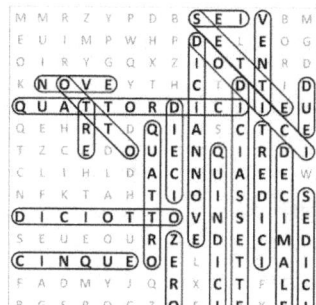

98 - Nature

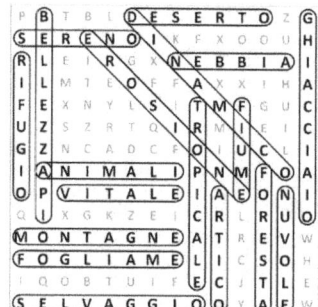

99 - Bateaux

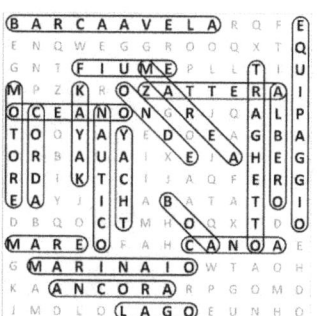

100 - Mesures

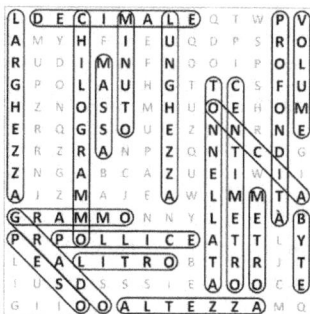

Dictionnaire

Activités
Attività

Activité	Attività
Art	Arte
Artisanat	Artigianato
Camping	Campeggio
Céramique	Ceramica
Chasse	Caccia
Compétence	Abilità
Couture	Cucire
Intérêts	Interessi
Jardinage	Giardinaggio
Jeux	Giochi
Lecture	Lettura
Loisir	Tempo Libero
Magie	Magia
Peinture	Pittura
Pêche	Pesca
Photographie	Fotografia
Plaisir	Piacere
Randonnée	Escursioni
Relaxation	Rilassamento

Activités et Loisirs
Attività e Tempo Libero

Achats	Shopping
Art	Arte
Base-Ball	Baseball
Basket-Ball	Basket
Boxe	Boxe
Camping	Campeggio
Football	Calcio
Golf	Golf
Jardinage	Giardinaggio
Nager	Nuoto
Passe-Temps	Hobby
Peinture	Pittura
Pêche	Pesca
Plongée	Immersione
Randonnée	Escursioni
Relaxant	Rilassante
Surf	Surf
Tennis	Tennis
Volley-Ball	Pallavolo
Voyage	Viaggio

Adjectifs #1
Aggettivi #1

Absolu	Assoluto
Actif	Attivo
Ambitieux	Ambizioso
Aromatique	Aromatico
Artistique	Artistico
Attractif	Attraente
Beau	Bello
Exotique	Esotico
Énorme	Enorme
Généreux	Generoso
Honnête	Onesto
Identique	Identico
Important	Importante
Innocent	Innocente
Jeune	Giovane
Lent	Lento
Lourd	Pesante
Mince	Sottile
Moderne	Moderno
Parfait	Perfetto

Adjectifs #2
Aggettivi #2

Authentique	Autentico
Célèbre	Famoso
Créatif	Creativo
Descriptif	Descrittivo
Doué	Dotato
Dramatique	Drammatico
Élégant	Elegante
Fier	Orgoglioso
Fort	Forte
Intéressant	Interessante
Naturel	Naturale
Nouveau	Nuovo
Productif	Produttivo
Puissant	Potente
Pur	Puro
Responsable	Responsabile
Sain	Sano
Salé	Salato
Sauvage	Selvaggio
Sec	Asciutto

Animaux de Compagnie
Animali Domestici

Chat	Gatto
Chaton	Gattino
Chèvre	Capra
Chien	Cane
Chiot	Cucciolo
Collier	Collare
Eau	Acqua
Griffes	Artigli
Hamster	Criceto
Laisse	Guinzaglio
Lapin	Coniglio
Lézard	Lucertola
Nourriture	Cibo
Perroquet	Pappagallo
Poisson	Pesce
Queue	Coda
Souris	Topo
Tortue	Tartaruga
Vache	Mucca
Vétérinaire	Veterinario

Anniversaire
Compleanno

Amis	Amici
Amusement	Divertimento
Année	Anno
Apprendre	Per Imparare
Bougies	Candele
Cadeau	Regalo
Calendrier	Calendario
Cartes	Carte
Chanson	Canzone
Fête	Celebrazione
Gâteau	Torta
Heureux	Felice
Invitations	Inviti
Jeune	Giovane
Jour	Giorno
Joyeux	Gioioso
Né	Nato
Sagesse	Saggezza
Spécial	Speciale
Temps	Tempo

Antarctique
Antartide

Baie	Baia
Baleines	Balene
Chercheur	Ricercatore
Conservation	Conservazione
Continent	Continente
Eau	Acqua
Environnement	Ambiente
Expédition	Spedizione
Géographie	Geografia
Glace	Ghiaccio
Glaciers	Ghiacciai
Îles	Isole
Migration	Migrazione
Minéraux	Minerali
Oiseaux	Uccelli
Péninsule	Penisola
Rocheux	Roccioso
Scientifique	Scientifico
Température	Temperatura
Topographie	Topografia

Art
Arte

Céramique	Ceramica
Complexe	Complesso
Composition	Composizione
Créer	Creare
Dépeindre	Ritrarre
Expression	Espressione
Figure	Figura
Honnête	Onesto
Humeur	Umore
Inspiré	Ispirato
Original	Originale
Peintures	Dipinti
Personnel	Personale
Poésie	Poesia
Sculpture	Scultura
Simple	Semplice
Sujet	Soggetto
Surréalisme	Surrealismo
Symbole	Simbolo
Visuel	Visivo

Arts Visuels
Arti Visive

Architecture	Architettura
Argile	Argilla
Artiste	Artista
Céramique	Ceramica
Charbon	Carbone
Chef-D'Œuvre	Capolavoro
Chevalet	Cavalletto
Cire	Cera
Composition	Composizione
Craie	Gesso
Crayon	Matita
Créativité	Creatività
Film	Film
Peinture	Pittura
Perspective	Prospettiva
Pochoir	Stampino
Portrait	Ritratto
Sculpture	Scultura
Stylo	Penna
Vernis	Vernice

Astronomie
Astronomia

Astéroïde	Asteroide
Astronaute	Astronauta
Astronome	Astronomo
Ciel	Cielo
Constellation	Costellazione
Cosmos	Cosmo
Éclipse	Eclissi
Équinoxe	Equinozio
Fusée	Razzo
Galaxie	Galassia
Lune	Luna
Météore	Meteora
Nébuleuse	Nebulosa
Observatoire	Osservatorio
Planète	Pianeta
Radiation	Radiazione
Solaire	Solare
Supernova	Supernova
Terre	Terra
Univers	Universo

Aventure
Avventura

Activité	Attività
Beauté	Bellezza
Bravoure	Coraggio
Chance	Caso
Dangereux	Pericoloso
Destination	Destinazione
Difficulté	Difficoltà
Enthousiasme	Entusiasmo
Excursion	Escursione
Inhabituel	Insolito
Itinéraire	Itinerario
Joie	Gioia
Nature	Natura
Navigation	Navigazione
Nouveau	Nuovo
Opportunité	Opportunità
Préparation	Preparazione
Sécurité	Sicurezza
Surprenant	Sorprendente
Voyages	Viaggi

Avions
Aeroplani

Air	Aria
Altitude	Altitudine
Atmosphère	Atmosfera
Atterrissage	Atterraggio
Aventure	Avventura
Ballon	Palloncino
Carburant	Carburante
Ciel	Cielo
Construction	Costruzione
Descente	Discesa
Direction	Direzione
Équipage	Equipaggio
Gonfler	Gonfiare
Hauteur	Altezza
Histoire	Storia
Hydrogène	Idrogeno
Moteur	Motore
Passager	Passeggero
Pilote	Pilota
Turbulence	Turbolenza

Ballet
Balletto

Applaudissement	Applauso
Artistique	Artistico
Ballerine	Ballerina
Chorégraphie	Coreografia
Compétence	Abilità
Compositeur	Compositore
Danseurs	Ballerini
Expressif	Espressivo
Geste	Gesto
Gracieux	Grazioso
Intensité	Intensità
Muscles	Muscoli
Musique	Musica
Orchestre	Orchestra
Public	Pubblico
Répétition	Prova
Rythme	Ritmo
Solo	Assolo
Style	Stile
Technique	Tecnica

Barbecues
Barbecue

Chaud	Caldo
Couteaux	Coltelli
Déjeuner	Pranzo
Dîner	Cena
Enfants	Bambini
Été	Estate
Faim	Fame
Famille	Famiglia
Fruit	Frutta
Gril	Griglia
Jeux	Giochi
Légumes	Verdure
Musique	Musica
Oignons	Cipolle
Poivre	Pepe
Poulet	Pollo
Salades	Insalate
Sauce	Salsa
Sel	Sale
Tomates	Pomodori

Bateaux
Imbarcazioni

Ancre	Ancora
Bouée	Boa
Canoë	Canoa
Corde	Corda
Équipage	Equipaggio
Ferry	Traghetto
Fleuve	Fiume
Kayak	Kayak
Lac	Lago
Marée	Marea
Marin	Marinaio
Mât	Albero
Mer	Mare
Moteur	Motore
Nautique	Nautico
Océan	Oceano
Radeau	Zattera
Vagues	Onde
Voilier	Barca a Vela
Yacht	Yacht

Bâtiments
Edifici

Ambassade	Ambasciata
Appartement	Appartamento
Cabine	Cabina
Château	Castello
Cinéma	Cinema
École	Scuola
Garage	Garage
Grange	Fienile
Hôpital	Ospedale
Hôtel	Hotel
Laboratoire	Laboratorio
Musée	Museo
Observatoire	Osservatorio
Stade	Stadio
Supermarché	Supermercato
Tente	Tenda
Théâtre	Teatro
Tour	Torre
Université	Università
Usine	Fabbrica

Camping
Campeggio

Animaux	Animali
Aventure	Avventura
Boussole	Bussola
Cabine	Cabina
Canoë	Canoa
Carte	Mappa
Chapeau	Cappello
Chasse	Caccia
Corde	Corda
Équipement	Attrezzatura
Feu	Fuoco
Forêt	Foresta
Hamac	Amaca
Insecte	Insetto
Lac	Lago
Lanterne	Lanterna
Lune	Luna
Montagne	Montagna
Nature	Natura
Tente	Tenda

Championnat
Campionato

Champion	Campione
Championnat	Campionato
Endurance	Resistenza
Entraîneur	Allenatore
Équipe	Squadra
Finaliste	Finalista
Jeux	Giochi
Juge	Giudice
Ligue	Lega
Médaille	Medaglia
Motivation	Motivazione
Performance	Prestazione
Sports	Sportivo
Stratégie	Strategia
Tournoi	Torneo
Transpiration	Sudore
Victoire	Vittoria

Chats
Gatti

Affectueux	Affettuoso
Chasseur	Cacciatore
Curieux	Curioso
Dormir	Dormire
Drôle	Divertente
Espiègle	Giocoso
Fil	Filo
Fou	Pazzo
Fourrure	Pelliccia
Griffe	Artiglio
Indépendant	Indipendente
Patte	Zampa
Personnalité	Personalità
Peu	Poco
Queue	Coda
Rapide	Veloce
Sauvage	Selvaggio
Souris	Topo
Timide	Timido

Châteaux
Castelli

Armure	Armatura
Bouclier	Scudo
Catapulte	Catapulta
Cheval	Cavallo
Chevalier	Cavaliere
Couronne	Corona
Dragon	Drago
Dynastie	Dinastia
Empire	Impero
Épée	Spada
Féodal	Feudale
Forteresse	Fortezza
Licorne	Unicorno
Mur	Parete
Noble	Nobile
Palais	Palazzo
Prince	Principe
Princesse	Principessa
Royaume	Regno
Tour	Torre

Chocolat
Cioccolato

Amer	Amaro
Antioxydant	Antiossidante
Arôme	Aroma
Artisanal	Artigianale
Bonbon	Caramella
Cacahuètes	Arachidi
Cacao	Cacao
Calories	Calorie
Caramel	Caramello
Délicieux	Delizioso
Doux	Dolce
Exotique	Esotico
Favori	Preferito
Goût	Gusto
Ingrédient	Ingrediente
Noix de Coco	Noce di Cocco
Poudre	Polvere
Qualité	Qualità
Recette	Ricetta
Sucre	Zucchero

Cirque
Circo

Acrobate	Acrobata
Animaux	Animali
Ballons	Palloncini
Billet	Biglietto
Clown	Clown
Costume	Costume
Divertir	Intrattenere
Éléphant	Elefante
Jongleur	Giocoliere
Lion	Leone
Magicien	Mago
Magie	Magia
Montrer	Mostrare
Musique	Musica
Parade	Parata
Singe	Scimmia
Spectaculaire	Spettacolare
Spectateur	Spettatore
Tente	Tenda
Tigre	Tigre

Conduite
Guida

Accident	Incidente
Camion	Camion
Carburant	Carburante
Carte	Mappa
Danger	Pericolo
Freins	Freni
Garage	Garage
Gaz	Gas
Licence	Licenza
Moteur	Motore
Moto	Moto
Piéton	Pedonale
Police	Polizia
Route	Strada
Sécurité	Sicurezza
Trafic	Traffico
Transport	Trasporto
Tunnel	Tunnel
Vitesse	Velocità
Voiture	Auto

Conservation
Conservazione

Bénévole	Volontario
Changements	Cambiamenti
Climat	Clima
Cycle	Ciclo
Durable	Sostenibile
Eau	Acqua
Environnemental	Ambientale
Écosystème	Ecosistema
Éducation	Educazione
Habitat	Habitat
Naturel	Naturale
Organique	Organico
Pesticide	Pesticida
Pollution	Inquinamento
Recycler	Riciclare
Réduire	Ridurre
Santé	Salute
Vert	Verde

Corps Humain
Corpo Umano

Bouche	Bocca
Cerveau	Cervello
Cheville	Caviglia
Cou	Collo
Coude	Gomito
Cœur	Cuore
Doigt	Dito
Estomac	Stomaco
Épaule	Spalla
Genou	Ginocchio
Lèvres	Labbra
Main	Mano
Mâchoire	Mascella
Menton	Mento
Nez	Naso
Oreille	Orecchio
Peau	Pelle
Sang	Sangue
Tête	Testa
Visage	Faccia

Couleurs
Colori

Azur	Azzurro
Beige	Beige
Blanc	Bianco
Bleu	Blu
Cramoisi	Cremisi
Cyan	Ciano
Fuchsia	Fucsia
Gris	Grigio
Indigo	Indaco
Jaune	Giallo
Magenta	Magenta
Marron	Marrone
Noir	Nero
Orange	Arancia
Rose	Rosa
Rouge	Rosso
Sépia	Seppia
Vert	Verde
Violet	Viola

Cuisine
Cucina

Baguettes	Bacchette
Bol	Ciotola
Bouilloire	Bollitore
Congélateur	Congelatore
Couteaux	Coltelli
Cruche	Brocca
Cuillères	Cucchiai
Épices	Spezie
Éponge	Spugna
Four	Forno
Fourchettes	Forchette
Gril	Griglia
Louche	Mestolo
Nourriture	Cibo
Pot	Vaso
Recette	Ricetta
Réfrigérateur	Frigorifero
Serviette	Tovagliolo
Tablier	Grembiule
Tasses	Tazze

Danse
Danza

Académie	Accademia
Art	Arte
Chorégraphie	Coreografia
Classique	Classico
Corps	Corpo
Culture	Cultura
Culturel	Culturale
Expressif	Espressivo
Émotion	Emozione
Grâce	Grazia
Joyeux	Gioioso
Mouvement	Movimento
Musique	Musica
Partenaire	Compagno
Posture	Postura
Répétition	Prova
Rythme	Ritmo
Saut	Salto
Traditionnel	Tradizionale
Visuel	Visivo

Dinosaures
Dinosauri

Ailes	Ali
Carnivore	Carnivoro
Disparition	Scomparsa
Espèce	Specie
Énorme	Enorme
Évolution	Evoluzione
Fossiles	Fossili
Grand	Grande
Herbivore	Erbivoro
Mammouth	Mammut
Omnivore	Onnivoro
Préhistorique	Preistorico
Proie	Preda
Puissant	Potente
Queue	Coda
Rapace	Rapace
Reptile	Rettile
Taille	Taglia
Terre	Terra
Vicieux	Vizioso

Disciplines Scientifiques
Discipline Scientifiche

Anatomie	Anatomia
Archéologie	Archeologia
Astronomie	Astronomia
Biochimie	Biochimica
Biologie	Biologia
Botanique	Botanica
Chimie	Chimica
Écologie	Ecologia
Géologie	Geologia
Immunologie	Immunologia
Linguistique	Linguistica
Mécanique	Meccanica
Météorologie	Meteorologia
Minéralogie	Mineralogia
Neurologie	Neurologia
Physiologie	Fisiologia
Psychologie	Psicologia
Sociologie	Sociologia
Thermodynamique	Termodinamica
Zoologie	Zoologia

Eau
Acqua

Canal	Canale
Douche	Doccia
Évaporation	Evaporazione
Fleuve	Fiume
Gel	Gelo
Geyser	Geyser
Glace	Ghiaccio
Humide	Umido
Humidité	Umidità
Inondation	Alluvione
Irrigation	Irrigazione
Lac	Lago
Mousson	Monsone
Neige	Neve
Océan	Oceano
Ouragan	Uragano
Pluie	Pioggia
Potable	Potabile
Vagues	Onde
Vapeur	Vapore

Escalade
Arrampicata

Altitude	Altitudine
Atmosphère	Atmosfera
Blessure	Lesione
Bottes	Stivali
Carte	Mappa
Casque	Casco
Curiosité	Curiosità
Défis	Sfide
Expert	Esperto
Étroit	Stretto
Force	Forza
Formation	Formazione
Gants	Guanti
Grotte	Grotta
Guides	Guide
Physique	Fisico
Randonnée	Escursioni
Stabilité	Stabilità
Terrain	Terreno

Exploration
Esplorazione

Activité	Attività
Animaux	Animali
Apprendre	Per Imparare
Courage	Coraggio
Cultures	Culture
Dangers	Pericoli
Découverte	Scoperta
Espace	Spazio
Excitation	Eccitazione
Épuisement	Esaurimento
Inconnu	Sconosciuto
Langue	Lingua
Nouveau	Nuovo
Périlleux	Pericoloso
Quête	Ricerca
Sauvage	Selvaggio
Terrain	Terreno
Voyage	Viaggio

Échecs
Scacchi

Adversaire	Avversario
Apprendre	Per Imparare
Blanc	Bianco
Champion	Campione
Concours	Concorso
Défis	Sfide
Diagonal	Diagonale
Intelligent	Intelligente
Jeu	Gioco
Joueur	Giocatore
Noir	Nero
Passif	Passivo
Points	Punti
Reine	Regina
Règles	Regole
Roi	Re
Sacrifice	Sacrificio
Stratégie	Strategia
Temps	Tempo
Tournoi	Torneo

École #1
Scuola #1

Alphabet	Alfabeto
Amis	Amici
Amusement	Divertimento
Apprendre	Per Imparare
Bibliothèque	Biblioteca
Bureau	Scrivania
Chaise	Sedia
Crayon	Matita
Déjeuner	Pranzo
Dossiers	Cartelle
Enseignant	Insegnante
Examens	Esami
Livres	Libri
Marqueurs	Marcatori
Math	Matematica
Nombres	Numeri
Papier	Carta
Quiz	Quiz
Réponses	Risposte
Salle de Classe	Aula

École #2
Scuola #2

Activités	Attività
Apprentissage	Apprendimento
Bibliothèque	Biblioteca
Bus	Autobus
Calendrier	Calendario
Ciseaux	Forbici
Crayon	Matita
Dictionnaire	Dizionario
Enseignant	Insegnante
Écriture	Scrittura
Éducation	Educazione
Grammaire	Grammatica
Jeux	Giochi
Lecture	Lettura
Littérature	Letteratura
Livres	Libri
Math	Matematica
Ordinateur	Computer
Papier	Carta
Science	Scienza

Écologie
Ecologia

Bénévoles	Volontari
Climat	Clima
Communautés	Comunità
Diversité	Diversità
Durable	Sostenibile
Espèce	Specie
Faune	Fauna
Flore	Flora
Habitat	Habitat
Marais	Palude
Marin	Marino
Montagnes	Montagne
Nature	Natura
Naturel	Naturale
Plantes	Piante
Ressources	Risorse
Sécheresse	Siccità
Survie	Sopravvivenza
Variété	Varietà
Végétation	Vegetazione

Émotions
Emozioni

Amour	Amore
Calme	Calma
Colère	Rabbia
Contenu	Contenuto
Détendu	Rilassato
Embarrassé	Imbarazzato
Ennui	Noia
Excité	Eccitato
Gentillesse	Gentilezza
Joie	Gioia
Paix	Pace
Peur	Paura
Reconnaissant	Grato
Relief	Rilievo
Satisfait	Soddisfatto
Surprise	Sorpresa
Sympathie	Simpatia
Tendresse	Tenerezza
Tranquillité	Tranquillità
Tristesse	Tristezza

Épices
Spezie

Aigre	Acido
Ail	Aglio
Amer	Amaro
Anis	Anice
Cannelle	Cannella
Cardamome	Cardamomo
Coriandre	Coriandolo
Cumin	Cumino
Curry	Curry
Fenouil	Finocchio
Gingembre	Zenzero
Muscade	Noce Moscata
Oignon	Cipolla
Paprika	Paprika
Poivre	Pepe
Réglisse	Liquirizia
Safran	Zafferano
Saveur	Gusto
Sel	Sale
Vanille	Vaniglia

Été
Estate

Amis	Amici
Camping	Campeggio
Étoiles	Stelle
Famille	Famiglia
Jardin	Giardino
Jeux	Giochi
Joie	Gioia
Livres	Libri
Loisir	Tempo Libero
Mer	Mare
Musique	Musica
Nager	Nuotare
Nourriture	Cibo
Plage	Spiaggia
Plongée	Immersione
Relaxation	Rilassamento
Sandales	Sandali
Vacances	Vacanza
Voyage	Viaggio

Famille
Famiglia

Ancêtre	Antenato
Cousin	Cugino
Enfance	Infanzia
Enfant	Bambino
Enfants	Bambini
Femme	Moglie
Fille	Figlia
Frère	Fratello
Grand-Mère	Nonna
Grand-Père	Nonno
Mari	Marito
Maternel	Materno
Mère	Madre
Neveu	Nipote
Nièce	Nipote
Oncle	Zio
Paternel	Paterno
Père	Padre
Soeur	Sorella
Tante	Zia

Ferme #1
Fattoria #1

Abeille	Ape
Agriculture	Agricoltura
Âne	Asino
Bison	Bisonte
Champ	Campo
Chat	Gatto
Cheval	Cavallo
Chèvre	Capra
Chien	Cane
Clôture	Recinto
Corbeau	Corvo
Eau	Acqua
Engrais	Fertilizzante
Foin	Fieno
Miel	Miele
Poulet	Pollo
Riz	Riso
Troupeau	Gregge
Vache	Mucca
Veau	Vitello

Ferme #2
Fattoria #2

Agneau	Agnello
Agriculteur	Agricoltore
Animaux	Animali
Berger	Pastore
Blé	Grano
Canard	Anatra
Fruit	Frutta
Grange	Fienile
Irrigation	Irrigazione
Lait	Latte
Lama	Lama
Légume	Verdura
Maïs	Mais
Mouton	Pecora
Nourriture	Cibo
Orge	Orzo
Pré	Prato
Ruche	Alveare
Tracteur	Trattore
Verger	Frutteto

Fleurs
Fiori

Bouquet	Mazzo
Gardénia	Gardenia
Hibiscus	Ibisco
Jasmin	Gelsomino
Jonquille	Narciso
Lavande	Lavanda
Lilas	Lilla
Lys	Giglio
Magnolia	Magnolia
Marguerite	Margherita
Orchidée	Orchidea
Passiflore	Passiflora
Pavot	Papavero
Pétale	Petalo
Pivoine	Peonia
Plumeria	Plumeria
Rose	Rosa
Tournesol	Girasole
Trèfle	Trifoglio
Tulipe	Tulipano

Forêt Tropicale
Foresta Pluviale

Amphibiens	Anfibi
Botanique	Botanico
Climat	Clima
Communauté	Comunità
Diversité	Diversità
Espèce	Specie
Indigène	Indigeno
Insectes	Insetti
Jungle	Giungla
Mammifères	Mammiferi
Mousse	Muschio
Nature	Natura
Nuage	Nuvole
Oiseaux	Uccelli
Précieux	Prezioso
Préservation	Preservazione
Refuge	Rifugio
Respect	Rispetto
Restauration	Restauro
Survie	Sopravvivenza

Formes
Forme

Arc	Arco
Bords	Bordi
Carré	Quadrato
Cercle	Cerchio
Coin	Angolo
Courbe	Curva
Cône	Cono
Côté	Lato
Cube	Cubo
Cylindre	Cilindro
Ellipse	Ellisse
Hyperbole	Iperbole
Ligne	Linea
Ovale	Ovale
Polygone	Poligono
Prisme	Prisma
Pyramide	Piramide
Rectangle	Rettangolo
Sphère	Sfera
Triangle	Triangolo

Fournitures d'Art
Forniture Artistiche

Acrylique	Acrilico
Aquarelles	Acquerelli
Argile	Argilla
Brosses	Spazzole
Caméra	Telecamera
Chaise	Sedia
Charbon	Carbone
Chevalet	Cavalletto
Colle	Colla
Couleurs	Colori
Crayons	Matite
Créativité	Creatività
Eau	Acqua
Encre	Inchiostro
Gomme	Gomma
Huile	Olio
Idées	Idee
Papier	Carta
Pastels	Pastelli
Table	Tavolo

Fruit
Frutta

Abricot	Albicocca
Ananas	Ananas
Avocat	Avocado
Baie	Bacca
Banane	Banana
Cerise	Ciliegia
Citron	Limone
Figue	Fico
Framboise	Lampone
Goyave	Guava
Kiwi	Kiwi
Mangue	Mango
Melon	Melone
Nectarine	Nettarina
Orange	Arancia
Papaye	Papaia
Pêche	Pesca
Poire	Pera
Pomme	Mela
Raisin	Uva

Géographie
Geografia

Altitude	Altitudine
Atlas	Atlante
Carte	Mappa
Continent	Continente
Fleuve	Fiume
Hémisphère	Emisfero
Île	Isola
Latitude	Latitudine
Mer	Mare
Méridien	Meridiano
Monde	Mondo
Montagne	Montagna
Nord	Nord
Océan	Oceano
Ouest	Ovest
Pays	Paese
Région	Regione
Sud	Sud
Territoire	Territorio
Ville	Città

Géologie
Geologia

Acide	Acido
Calcium	Calcio
Caverne	Caverna
Continent	Continente
Corail	Corallo
Couche	Strato
Cristaux	Cristalli
Érosion	Erosione
Fondu	Fuso
Fossile	Fossile
Geyser	Geyser
Lave	Lava
Minéraux	Minerali
Pierre	Pietra
Plateau	Altopiano
Quartz	Quarzo
Sel	Sale
Stalactite	Stalattite
Volcan	Vulcano
Zone	Zona

Herboristerie
Erboristeria

Ail	Aglio
Aromatique	Aromatico
Basilic	Basilico
Bénéfique	Benefico
Culinaire	Culinario
Estragon	Dragoncello
Fenouil	Finocchio
Fleur	Fiore
Ingrédient	Ingrediente
Jardin	Giardino
Lavande	Lavanda
Marjolaine	Maggiorana
Menthe	Menta
Persil	Prezzemolo
Qualité	Qualità
Romarin	Rosmarino
Safran	Zafferano
Saveur	Gusto
Thym	Timo
Vert	Verde

Insectes
Insetti

Abeille	Ape
Cafard	Scarafaggio
Cigale	Cicala
Coccinelle	Coccinella
Criquet	Locusta
Fourmi	Formica
Frelon	Calabrone
Guêpe	Vespa
Larve	Larva
Libellule	Libellula
Mante	Mantide
Moucheron	Moscerino
Moustique	Zanzara
Papillon	Farfalla
Puce	Pulce
Puceron	Afide
Sauterelle	Cavalletta
Scarabée	Coleottero
Termite	Termite
Ver	Verme

Instruments de Musique
Strumenti Musicali

Banjo	Banjo
Basson	Fagotto
Clarinette	Clarinetto
Flûte	Flauto
Gong	Gong
Guitare	Chitarra
Harmonica	Armonica
Harpe	Arpa
Hautbois	Oboe
Mandoline	Mandolino
Marimba	Marimba
Percussion	Percussione
Piano	Pianoforte
Saxophone	Sassofono
Tambour	Tamburo
Tambourin	Tamburello
Trombone	Trombone
Trompette	Tromba
Violon	Violino
Violoncelle	Violoncello

Jardin
Giardino

Arbre	Albero
Banc	Panca
Buisson	Cespuglio
Clôture	Recinto
Étang	Stagno
Fleur	Fiore
Garage	Garage
Hamac	Amaca
Herbe	Erba
Jardin	Giardino
Mauvaises Herbes	Erbacce
Pelle	Pala
Pelouse	Prato
Râteau	Rastrello
Sol	Suolo
Terrasse	Terrazza
Trampoline	Trampolino
Tuyau	Tubo
Verger	Frutteto
Vigne	Vite

Jouets
Giocattoli

Argile	Argilla
Artisanat	Artigianato
Avion	Aereo
Balle	Palla
Bateau	Barca
Camion	Camion
Cerf-Volant	Aquilone
Échecs	Scacchi
Favori	Preferito
Imagination	Immaginazione
Jeux	Giochi
Livres	Libri
Peinture	Vernici
Poupée	Bambola
Puzzle	Puzzle
Robot	Robot
Tambours	Batteria
Train	Treno
Vélo	Bicicletta
Voiture	Auto

Jours et Mois
Giorni e Mesi

Août	Agosto
Avril	Aprile
Calendrier	Calendario
Dimanche	Domenica
Février	Febbraio
Janvier	Gennaio
Jeudi	Giovedì
Juillet	Luglio
Juin	Giugno
Lundi	Lunedì
Mardi	Martedì
Mars	Marzo
Mercredi	Mercoledì
Mois	Mese
Novembre	Novembre
Octobre	Ottobre
Samedi	Sabato
Semaine	Settimana
Septembre	Settembre
Vendredi	Venerdì

Les Abeilles
Api

Ailes	Ali
Bénéfique	Benefico
Cire	Cera
Diversité	Diversità
Essaim	Sciame
Écosystème	Ecosistema
Fleur	Fiorire
Fleurs	Fiori
Fruit	Frutta
Fumée	Fumo
Habitat	Habitat
Insecte	Insetto
Jardin	Giardino
Miel	Miele
Nourriture	Cibo
Plantes	Piante
Pollen	Polline
Reine	Regina
Ruche	Alveare
Soleil	Sole

Légumes
Verdure

Ail	Aglio
Artichaut	Carciofo
Aubergine	Melanzana
Brocoli	Broccolo
Carotte	Carota
Céleri	Sedano
Champignon	Fungo
Citrouille	Zucca
Concombre	Cetriolo
Échalote	Scalogno
Épinard	Spinaci
Gingembre	Zenzero
Navet	Rapa
Oignon	Cipolla
Olive	Oliva
Persil	Prezzemolo
Pois	Pisello
Radis	Ravanello
Salade	Insalata
Tomate	Pomodoro

Littérature
Letteratura

Analogie	Analogia
Analyse	Analisi
Anecdote	Aneddoto
Auteur	Autore
Biographie	Biografia
Comparaison	Confronto
Conclusion	Conclusione
Description	Descrizione
Dialogue	Dialogo
Fiction	Finzione
Métaphore	Metafora
Narrateur	Narratore
Poème	Poesia
Poétique	Poetico
Rime	Rima
Roman	Romanzo
Rythme	Ritmo
Style	Stile
Thème	Tema
Tragédie	Tragedia

Livres
Libri

Auteur	Autore
Aventure	Avventura
Collection	Collezione
Contexte	Contesto
Dualité	Dualità
Écrit	Scritto
Épique	Epico
Histoire	Storia
Historique	Storico
Humoristique	Umoristico
Inventif	Inventivo
Lecteur	Lettore
Littéraire	Letterario
Narrateur	Narratore
Page	Pagina
Pertinent	Rilevante
Poésie	Poesia
Roman	Romanzo
Série	Serie
Tragique	Tragico

Maison
Casa

Balai	Scopa
Bibliothèque	Biblioteca
Chambre	Camera
Cheminée	Camino
Clés	Chiavi
Clôture	Recinto
Cuisine	Cucina
Douche	Doccia
Fenêtre	Finestra
Garage	Garage
Grenier	Attico
Jardin	Giardino
Lampe	Lampada
Miroir	Specchio
Mur	Parete
Plafond	Soffitto
Porte	Porta
Rideaux	Tende
Tapis	Tappeto
Toit	Tetto

Mammifères
Mammiferi

Baleine	Balena
Chat	Gatto
Cheval	Cavallo
Chien	Cane
Coyote	Coyote
Dauphin	Delfino
Éléphant	Elefante
Girafe	Giraffa
Gorille	Gorilla
Kangourou	Canguro
Lapin	Coniglio
Lion	Leone
Loup	Lupo
Mouton	Pecora
Ours	Orso
Renard	Volpe
Singe	Scimmia
Taureau	Toro
Tigre	Tigre
Zèbre	Zebra

Mathématiques
Matematica

Angles	Angoli
Arithmétique	Aritmetica
Carré	Quadrato
Circonférence	Circonferenza
Décimal	Decimale
Diamètre	Diametro
Exposant	Esponente
Équation	Equazione
Fraction	Frazione
Géométrie	Geometria
Parallèle	Parallelo
Périmètre	Perimetro
Polygone	Poligono
Rayon	Raggio
Rectangle	Rettangolo
Somme	Somma
Sphère	Sfera
Symétrie	Simmetria
Triangle	Triangolo
Volume	Volume

Mesures
Misurazioni

Centimètre	Centimetro
Degré	Grado
Décimal	Decimale
Gramme	Grammo
Hauteur	Altezza
Kilogramme	Chilogrammo
Kilomètre	Chilometro
Largeur	Larghezza
Litre	Litro
Longueur	Lunghezza
Masse	Massa
Mètre	Metro
Minute	Minuto
Octet	Byte
Once	Oncia
Poids	Peso
Pouce	Pollice
Profondeur	Profondità
Tonne	Tonnellata
Volume	Volume

Meubles
Mobili

Armoire	Armoire
Banc	Panca
Bibliothèque	Libreria
Bureau	Scrivania
Canapé	Divano
Chaise	Sedia
Coussins	Cuscini
Étagères	Scaffali
Fauteuil	Poltrona
Futon	Futon
Hamac	Amaca
Lampe	Lampada
Lit	Letto
Matelas	Materasso
Miroir	Specchio
Oreiller	Cuscino
Rideaux	Tende
Tapis	Tappeto

Méditation
Meditazione

Acceptation	Accettazione
Attention	Attenzione
Calme	Calma
Clarté	Chiarezza
Compassion	Compassione
Émotions	Emozioni
Éveillé	Sveglio
Gentillesse	Gentilezza
Gratitude	Gratitudine
Habitudes	Abitudini
Mental	Mentale
Mouvement	Movimento
Musique	Musica
Nature	Natura
Observation	Osservazione
Paix	Pace
Perspective	Prospettiva
Posture	Postura
Respiration	Respirazione
Silence	Silenzio

Météo
Meteo

Arc-En-Ciel	Arcobaleno
Atmosphère	Atmosfera
Brise	Brezza
Brouillard	Nebbia
Calme	Calma
Ciel	Cielo
Climat	Clima
Glace	Ghiaccio
Mousson	Monsone
Nuage	Nube
Ouragan	Uragano
Polaire	Polare
Sec	Asciutto
Sécheresse	Siccità
Température	Temperatura
Tempête	Tempesta
Tonnerre	Tuono
Tornade	Tornado
Tropical	Tropicale
Vent	Vento

Mythologie
Mitologia

Archétype	Archetipo
Catastrophe	Disastro
Comportement	Comportamento
Création	Creazione
Créature	Creatura
Croyances	Credenze
Culture	Cultura
Éclair	Fulmine
Force	Forza
Guerrier	Guerriero
Héros	Eroe
Immortalité	Immortalità
Jalousie	Gelosia
Labyrinthe	Labirinto
Légende	Leggenda
Magique	Magico
Monstre	Mostro
Mortel	Mortale
Tonnerre	Tuono
Vengeance	Vendetta

Nature
Natura

Abeilles	Api
Abri	Rifugio
Animaux	Animali
Arctique	Artico
Beauté	Bellezza
Brouillard	Nebbia
Désert	Deserto
Dynamique	Dinamico
Érosion	Erosione
Feuillage	Fogliame
Fleuve	Fiume
Forêt	Foresta
Glacier	Ghiacciaio
Montagnes	Montagne
Nuage	Nuvole
Sanctuaire	Santuario
Sauvage	Selvaggio
Serein	Sereno
Tropical	Tropicale
Vital	Vitale

Nombres
Numeri

Cinq	Cinque
Deux	Due
Décimal	Decimale
Dix	Dieci
Dix-Huit	Diciotto
Dix-Neuf	Diciannove
Dix-Sept	Diciassette
Douze	Dodici
Huit	Otto
Neuf	Nove
Quatorze	Quattordici
Quatre	Quattro
Quinze	Quindici
Seize	Sedici
Sept	Sette
Six	Sei
Treize	Tredici
Trois	Tre
Vingt	Venti
Zéro	Zero

Nourriture #1
Cibo #1

Ail	Aglio
Basilic	Basilico
Café	Caffè
Cannelle	Cannella
Carotte	Carota
Citron	Limone
Épinard	Spinaci
Fraise	Fragola
Jus	Succo
Lait	Latte
Navet	Rapa
Oignon	Cipolla
Orge	Orzo
Poire	Pera
Salade	Insalata
Sel	Sale
Soupe	Minestra
Sucre	Zucchero
Thon	Tonno
Viande	Carne

Nourriture #2
Cibo #2

Amande	Mandorla
Aubergine	Melanzana
Banane	Banana
Blé	Grano
Brocoli	Broccolo
Cerise	Ciliegia
Céleri	Sedano
Champignon	Fungo
Chocolat	Cioccolato
Jambon	Prosciutto
Kiwi	Kiwi
Mangue	Mango
Oeuf	Uovo
Pain	Pane
Poisson	Pesce
Pomme	Mela
Poulet	Pollo
Raisin	Uva
Riz	Riso
Tomate	Pomodoro

Nutrition
Nutrizione

Amer	Amaro
Appétit	Appetito
Calories	Calorie
Comestible	Commestibile
Diète	Dieta
Digestion	Digestione
Épices	Spezie
Équilibré	Bilanciato
Fermentation	Fermentazione
Glucides	Carboidrati
Liquides	Liquidi
Poids	Peso
Protéines	Proteine
Qualité	Qualità
Sain	Sano
Santé	Salute
Sauce	Salsa
Saveur	Gusto
Toxine	Tossina
Vitamine	Vitamina

Océan
Oceano

Anguille	Anguilla
Baleine	Balena
Bateau	Barca
Corail	Corallo
Crabe	Granchio
Crevette	Gamberetto
Dauphin	Delfino
Éponge	Spugna
Huître	Ostrica
Marées	Maree
Méduse	Medusa
Poisson	Pesce
Poulpe	Polpo
Requin	Squalo
Récif	Scogliera
Sel	Sale
Tempête	Tempesta
Thon	Tonno
Tortue	Tartaruga
Vagues	Onde

Oiseaux
Uccelli

Aigle	Aquila
Autruche	Struzzo
Canard	Anatra
Cigogne	Cicogna
Colombe	Colomba
Coucou	Cuculo
Cygne	Cigno
Flamant	Fenicottero
Héron	Airone
Manchot	Pinguino
Moineau	Passero
Mouette	Gabbiano
Oeuf	Uovo
Oie	Oca
Paon	Pavone
Perroquet	Pappagallo
Pélican	Pellicano
Pigeon	Piccione
Poulet	Pollo
Toucan	Tucano

Pays #2
Paesi #2

Albanie	Albania
Chine	Cina
Danemark	Danimarca
France	Francia
Haïti	Haiti
Indonésie	Indonesia
Irlande	Irlanda
Jamaïque	Giamaica
Japon	Giappone
Kenya	Kenya
Laos	Laos
Liban	Libano
Mexique	Messico
Ouganda	Uganda
Pakistan	Pakistan
Russie	Russia
Somalie	Somalia
Soudan	Sudan
Syrie	Siria
Ukraine	Ucraina

Paysages
Paesaggi

Cascade	Cascata
Colline	Collina
Désert	Deserto
Estuaire	Estuario
Fleuve	Fiume
Geyser	Geyser
Glacier	Ghiacciaio
Grotte	Grotta
Iceberg	Iceberg
Île	Isola
Lac	Lago
Marais	Palude
Mer	Mare
Montagne	Montagna
Oasis	Oasi
Péninsule	Penisola
Plage	Spiaggia
Toundra	Tundra
Vallée	Valle
Volcan	Vulcano

Pêche
Pesca

Appât	Esca
Bateau	Barca
Branchies	Branchie
Crochet	Gancio
Cuire	Cucinare
Eau	Acqua
Exagération	Esagerazione
Équipement	Attrezzatura
Fil	Filo
Fleuve	Fiume
Lac	Lago
Mâchoire	Mascella
Océan	Oceano
Panier	Cesto
Patience	Pazienza
Plage	Spiaggia
Poids	Peso
Saison	Stagione

Pirates
Pirati

Ancre	Ancora
Aventure	Avventura
Capitaine	Capitano
Carte	Mappa
Cicatrice	Cicatrice
Danger	Pericolo
Drapeau	Bandiera
Épée	Spada
Équipage	Equipaggio
Grotte	Grotta
Île	Isola
Légende	Leggenda
Mauvais	Cattivo
Océan	Oceano
Or	Oro
Perroquet	Pappagallo
Pièces	Monete
Plage	Spiaggia
Rhum	Rum
Trésor	Tesoro

Plage
Spiaggia

Bateau	Barca
Bleu	Blu
Côte	Costa
Crabe	Granchio
Dock	Dock
Île	Isola
Lagune	Laguna
Mer	Mare
Nager	Nuotare
Océan	Oceano
Parapluie	Ombrello
Récif	Scogliera
Sable	Sabbia
Sandales	Sandali
Serviette	Asciugamano
Soleil	Sole
Vacances	Vacanza
Voilier	Barca a Vela

Plantes
Piante

Arbre	Albero
Baie	Bacca
Bambou	Bambù
Botanique	Botanica
Buisson	Cespuglio
Cactus	Cactus
Engrais	Fertilizzante
Feuillage	Fogliame
Fleur	Fiore
Flore	Flora
Forêt	Foresta
Grandir	Crescere
Haricot	Fagiolo
Herbe	Erba
Jardin	Giardino
Lierre	Edera
Mousse	Muschio
Pétale	Petalo
Racine	Radice
Végétation	Vegetazione

Professions #1
Professioni #1

Ambassadeur	Ambasciatore
Astronome	Astronomo
Avocat	Avvocato
Banquier	Banchiere
Bijoutier	Gioielliere
Cartographe	Cartografo
Chasseur	Cacciatore
Danseur	Ballerino
Entraîneur	Allenatore
Éditeur	Editore
Géologue	Geologo
Infirmière	Infermiera
Médecin	Medico
Musicien	Musicista
Pianiste	Pianista
Plombier	Idraulico
Pompier	Pompiere
Psychologue	Psicologo
Scientifique	Scienziato
Vétérinaire	Veterinario

Professions #2
Professioni #2

Astronaute	Astronauta
Bibliothécaire	Bibliotecario
Biologiste	Biologo
Chercheur	Ricercatore
Chirurgien	Chirurgo
Dentiste	Dentista
Détective	Detective
Enseignant	Insegnante
Illustrateur	Illustratore
Ingénieur	Ingegnere
Inventeur	Inventore
Jardinier	Giardiniere
Journaliste	Giornalista
Linguiste	Linguista
Médecin	Medico
Peintre	Pittore
Philosophe	Filosofo
Photographe	Fotografo
Pilote	Pilota
Zoologiste	Zoologo

Randonnée
Escursionismo

Animaux	Animali
Bottes	Stivali
Camping	Campeggio
Carte	Mappa
Climat	Clima
Eau	Acqua
Falaise	Scogliera
Fatigué	Stanco
Guides	Guide
Lourd	Pesante
Météo	Meteo
Montagne	Montagna
Nature	Natura
Orientation	Orientamento
Parcs	Parchi
Pierres	Pietre
Préparation	Preparazione
Sauvage	Selvaggio
Soleil	Sole
Sommet	Vertice

Remplir
Riempire

Baignoire	Vasca
Baril	Barile
Bassin	Bacino
Boîte	Scatola
Bouteille	Bottiglia
Caisse	Cassa
Carton	Cartone
Dossier	Cartella
Enveloppe	Busta
Navire	Nave
Panier	Cesto
Paquet	Pacchetto
Plateau	Vassoio
Poche	Tasca
Sac	Borsa
Seau	Secchio
Tiroir	Cassetto
Tube	Tubo
Valise	Valigia
Vase	Vaso

Restaurant #1
Ristorante #1

Allergie	Allergia
Assiette	Piatto
Bol	Ciotola
Café	Caffè
Caissier	Cassiere
Couteau	Coltello
Cuisine	Cucina
Dessert	Dessert
Épicé	Piccante
Ingrédients	Ingredienti
Menu	Menù
Nourriture	Cibo
Pain	Pane
Poulet	Pollo
Réservation	Prenotazione
Sauce	Salsa
Serveuse	Cameriera
Serviette	Tovagliolo
Viande	Carne

Restaurant #2
Ristorante #2

Apéritif	Aperitivo
Boisson	Bevanda
Chaise	Sedia
Cuillère	Cucchiaio
Déjeuner	Pranzo
Délicieux	Delizioso
Dîner	Cena
Eau	Acqua
Épices	Spezie
Fourchette	Forchetta
Fruit	Frutta
Gâteau	Torta
Glace	Ghiaccio
Légumes	Verdure
Oeuf	Uova
Poisson	Pesce
Salade	Insalata
Sel	Sale
Serveur	Cameriere
Soupe	Minestra

Science
Scienza

Atome	Atomo
Chimique	Chimico
Climat	Clima
Données	Dati
Expérience	Esperimento
Évolution	Evoluzione
Fait	Fatto
Fossile	Fossile
Gravité	Gravità
Hypothèse	Ipotesi
Laboratoire	Laboratorio
Méthode	Metodo
Minéraux	Minerali
Molécules	Molecole
Nature	Natura
Observation	Osservazione
Organisme	Organismo
Particules	Particelle
Physique	Fisica
Scientifique	Scienziato

Science-Fiction
Fantascienza

Atomique	Atomico
Cinéma	Cinema
Explosion	Esplosione
Extrême	Estremo
Fantastique	Fantastico
Feu	Fuoco
Futuriste	Futuristico
Galaxie	Galassia
Illusion	Illusione
Imaginaire	Immaginario
Livres	Libri
Monde	Mondo
Mystérieux	Misterioso
Oracle	Oracolo
Planète	Pianeta
Réaliste	Realistico
Robots	Robot
Scénario	Scenario
Technologie	Tecnologia
Utopie	Utopia

Sports
Sport

Arbitre	Arbitro
Athlète	Atleta
Base-Ball	Baseball
Basket-Ball	Basket
Championnat	Campionato
Entraîneur	Allenatore
Équipe	Squadra
Gagnant	Vincitore
Golf	Golf
Gymnase	Palestra
Gymnastique	Ginnastica
Hockey	Hockey
Jeu	Gioco
Joueur	Giocatore
Mouvement	Movimento
Nager	Nuotare
Stade	Stadio
Tennis	Tennis
Vélo	Bicicletta

Surf
Surf

Amusement	Divertimento
Athlète	Atleta
Champion	Campione
Débutant	Principiante
Estomac	Stomaco
Extrême	Estremo
Force	Forza
Foules	Folla
Météo	Meteo
Mousse	Schiuma
Nager	Nuotare
Océan	Oceano
Pagaie	Pagaia
Plage	Spiaggia
Populaire	Popolare
Récif	Scogliera
Style	Stile
Vague	Onda
Vitesse	Velocità

Technologie
Tecnologia

Blog	Blog
Caméra	Telecamera
Curseur	Cursore
Données	Dati
Écran	Schermo
Fichier	File
Internet	Internet
Logiciel	Software
Message	Messaggio
Navigateur	Browser
Numérique	Digitale
Octets	Byte
Ordinateur	Computer
Police	Font
Recherche	Ricerca
Sécurité	Sicurezza
Statistiques	Statistiche
Virtuel	Virtuale
Virus	Virus

Temps
Tempo

Année	Anno
Annuel	Annuale
Après	Dopo
Aujourd'Hui	Oggi
Avant	Prima
Bientôt	Presto
Calendrier	Calendario
Décennie	Decennio
Futur	Futuro
Heure	Ora
Hier	Ieri
Horloge	Orologio
Jour	Giorno
Matin	Mattina
Midi	Mezzogiorno
Minute	Minuto
Mois	Mese
Nuit	Notte
Semaine	Settimana
Siècle	Secolo

Types de Cheveux
Tipi di Capelli

Argent	Argento
Blanc	Bianco
Blond	Biondo
Boucles	Riccioli
Brillant	Lucido
Chauve	Calvo
Coloré	Colorato
Court	Breve
Doux	Morbido
Épais	Spessore
Frisé	Riccio
Gris	Grigio
Long	Lungo
Marron	Marrone
Mince	Sottile
Noir	Nero
Ondulé	Ondulato
Sain	Sano
Sec	Asciutto
Tressé	Intrecciato

Vacances #1
Vacanza #1

Aller	Andare
Avion	Aereo
Billet	Biglietto
Devise	Valuta
Départ	Partenza
Douane	Dogana
Expédition	Spedizione
Itinéraire	Itinerario
Lac	Lago
Musée	Museo
Nager	Nuotare
Parapluie	Ombrello
Relaxation	Rilassamento
Sac à Dos	Zaino
Touriste	Turismo
Tram	Tram
Valise	Valigia
Voiture	Auto

Vacances #2
Vacanze #2

Aéroport	Aeroporto
Camping	Campeggio
Carte	Mappa
Destination	Destinazione
Étranger	Straniero
Hôtel	Hotel
Île	Isola
Loisir	Tempo Libero
Mer	Mare
Passeport	Passaporto
Plage	Spiaggia
Restaurant	Ristorante
Réservations	Prenotazioni
Taxi	Taxi
Tente	Tenda
Train	Treno
Transport	Trasporto
Vacances	Vacanza
Visa	Visto
Voyage	Viaggio

Vertus #1
Virtù #1

Artistique	Artistico
Bon	Buono
Charmant	Affascinante
Curieux	Curioso
Décisif	Decisivo
Drôle	Divertente
Efficace	Efficiente
Fiable	Affidabile
Généreux	Generoso
Indépendant	Indipendente
Intelligent	Intelligente
Modeste	Modesto
Passionné	Appassionato
Patient	Paziente
Pratique	Pratico
Propre	Pulito
Sage	Saggio
Utile	Utile

Véhicules
Veicoli

Ambulance	Ambulanza
Avion	Aereo
Bateau	Barca
Bus	Autobus
Camion	Camion
Caravane	Caravan
Ferry	Traghetto
Fusée	Razzo
Hélicoptère	Elicottero
Métro	Metropolitana
Moteur	Motore
Navette	Navetta
Pneus	Pneumatici
Radeau	Zattera
Scooter	Scooter
Sous-Marin	Sottomarino
Taxi	Taxi
Tracteur	Trattore
Vélo	Bicicletta
Voiture	Auto

Vêtements
Vestiti

Bracelet	Braccialetto
Ceinture	Cintura
Chapeau	Cappello
Chaussure	Scarpa
Chemise	Camicia
Chemisier	Camicetta
Collier	Collana
Foulard	Sciarpa
Gants	Guanti
Jeans	Jeans
Jupe	Gonna
Manteau	Cappotto
Mode	Moda
Pantalon	Pantaloni
Pull	Maglione
Pyjama	Pigiama
Robe	Abito
Sandales	Sandali
Tablier	Grembiule
Veste	Giacca

Ville
Città

Aéroport	Aeroporto
Banque	Banca
Bibliothèque	Biblioteca
Boulangerie	Panetteria
Cinéma	Cinema
Clinique	Clinica
École	Scuola
Fleuriste	Fiorista
Galerie	Galleria
Hôtel	Hotel
Librairie	Libreria
Marché	Mercato
Musée	Museo
Pharmacie	Farmacia
Restaurant	Ristorante
Stade	Stadio
Supermarché	Supermercato
Théâtre	Teatro
Université	Università
Zoo	Zoo

Félicitations

Vous avez réussi !

Nous espérons que vous avez apprécié ce livre autant que nous avons pris plaisir à le concevoir. Nous faisons de notre mieux pour créer des livres de la meilleure qualité possible.
Cette édition est conçue pour permettre un apprentissage intelligent et de qualité en se divertissant !

Vous avez aimé ce livre ?

Une Simple Demande

Nos livres existent grâce aux avis que vous publiez. Pourriez-vous nous aider en laissant un avis maintenant ?

Voici un lien rapide qui vous mènera à votre
page d'évaluation de vos commandes :

BestBooksActivity.com/Avis50

CHALLENGE FINAL !

Défi n°1

Êtes-vous prêt pour votre jeu bonus ? Nous les utilisons tout le temps mais ils ne sont pas si faciles à trouver. Voici les **Synonymes** !

Notez 5 mots que vous avez trouvés dans les puzzles notés ci-dessous (n°21, n°36, n°76) et essayez de trouver 2 synonymes pour chaque mot.

Notez 5 Mots du **Puzzle 21**

Mots	Synonyme 1	Synonyme 2

Notez 5 Mots du **Puzzle 36**

Mots	Synonyme 1	Synonyme 2

Notez 5 Mots du **Puzzle 76**

Mots	Synonyme 1	Synonyme 2

Défi n°2

Maintenant que vous vous êtes échauffé, notez 5 mots que vous avez découverts dans les Puzzles n° 9, n° 17, n° 25 et essayez de trouver 2 antonymes pour chaque mot. Combien pouvez-vous en trouver en 20 minutes ?

Notez 5 Mots du **Puzzle 9**

Mots	Antonyme 1	Antonyme 2

Notez 5 Mots du **Puzzle 17**

Mots	Antonyme 1	Antonyme 2

Notez 5 Mots du **Puzzle 25**

Mots	Antonyme 1	Antonyme 2

Défi n°3

Formidable ! Ce défi final n'est rien pour vous.

Prêt pour le dernier défi ? Choisissez 10 mots que vous avez découverts parmi les différents puzzles et notez-les ci-dessous.

1.	6.
2.	7.
3.	8.
4.	9.
5.	10.

Maintenant, composez un texte en pensant à une personne, un animal ou un lieu que vous aimez !

Astuce: Vous pouvez utiliser la dernière page de ce livre comme brouillon !

Votre Composition :

_____

_____

_____

_____

_____

_____

_____

CARNET DE NOTES :

À TRÈS BIENTÔT !

Toute l'équipe

DECOUVREZ DES JEUX GRATUITS

GO

↓

BESTACTIVITYBOOKS.COM/FREEGAMES